독자의 1초를 아껴주는 정성!

세상이 아무리 바쁘게 돌아가더라도
책까지 아무렇게나 빨리 만들 수는 없습니다.
인스턴트 식품 같은 책보다는
오래 익힌 술이나 장맛이 밴 책을 만들고 싶습니다.

길벗이지톡은 독자여러분이
우리를 믿는다고 할 때 가장 행복합니다.
나를 아껴주는 어학도서,
길벗이지톡의 책을 만나보십시오.

독자의 1초를 아껴주는
정성을 만나보십시오.

미리 책을 읽고 따라해본 2만 베타테스터 여러분과
무따기 체험단, 길벗스쿨 엄마 2% 기획단,
시나공 평가단, 토익 배틀, 대학생 기자단까지!
믿을 수 있는 책을 함께 만들어주신 독자 여러분께 감사드립니다.

홈페이지의 '독자마당'에 오시면
책을 함께 만들 수 있습니다.

(주)도서출판 길벗 www.gilbut.co.kr
길벗 이지톡 www.gilbut.co.kr
길벗 스쿨 www.gilbutschool.co.kr

mp3 파일 다운로드 무작정 따라하기

이지톡 홈페이지 (www.gilbut.co.kr) 회원 (무료 가입) 이 되면 오디오 파일 및 관련 자료를 다양하게 이용할 수 있습니다.

1단계 로그인 후 도서명 ▼ [＿＿＿＿＿＿＿＿＿＿] 검색 에 찾고자 하는 책이름을 입력하세요.

2단계 검색한 도서로 이동하여 〈자료실〉 탭을 클릭하세요.

3단계 mp3 및 다양한 서비스를 받으세요.

30장면으로 끝내는

스크린 영어회화

Disney

RAYA
AND
THE LAST DRAGON

스크린 영어회화 – 라야와 마지막 드래곤
Screen English - Raya and the Last Dragon

초판 발행 · 2021년 6월 30일

해설 · 박용호(라이언 박)
발행인 · 이종원
발행처 · (주)도서출판 길벗
브랜드 · 길벗이지톡
출판사 등록일 · 1990년 12월 24일
주소 · 서울시 마포구 월드컵로 10길 56(서교동)
대표 전화 · 02)332-0931 | **팩스** · 02)323-0586
홈페이지 · www.gilbut.co.kr | **이메일** · eztok@gilbut.co.kr

기획 및 책임 편집 · 김지영 (jiy7409@gilbut.co.kr) | **디자인** · 조영라 | **제작** · 이준호, 손일순, 이진혁
영업마케팅 · 김학흥, 장봉석 | **웹마케팅** · 이수미, 최소영 | **영업관리** · 김명자, 심선숙 | **독자지원** · 송혜란, 윤정아

편집진행 및 교정 · 오수민 | **전산편집** · 조영라 | **오디오 녹음 및 편집** · 와이알 미디어
CTP 출력 · 금강인쇄 | **인쇄** · 금강인쇄 | **제본** · 금강제본

▶ 잘못 만든 책은 구입한 서점에서 바꿔 드립니다.
▶ 이 책은 저작권법에 따라 보호받는 저작물이므로 무단전재와 무단복제를 금합니다.
　 이 책의 전부 또는 일부를 이용하려면 반드시 사전에 저작권자와 (주)도서출판 길벗의 서면 동의를 받아야 합니다.
▶ 책 내용에 대한 문의는 길벗 홈페이지(www.gilbut.co.kr) 고객센터에 올려 주세요.

ISBN 979-11-6521-350-3 03740 (길벗 도서번호 301097)

정가 18,000원

독자의 1초를 아껴주는 정성 길벗출판사

길벗 | IT실용서, IT/일반 수험서, IT전문서, 경제경영서, 취미실용서, 건강실용서, 자녀교육서
더퀘스트 | 인문교양서, 비즈니스서
길벗이지톡 | 어학단행본, 어학수험서
길벗스쿨 | 국어학습서, 수학학습서, 유아학습서, 어학학습서, 어린이교양서, 교과서

페이스북 · www.facebook.com/gilbuteztok
네이버 포스트 · http://post.naver.com/gilbuteztok
유튜브 · https://www.youtube.com/gilbuteztok

30장면으로 끝내는

스크린 영어회화

해설 **박용호(라이언 박)**

재미와 효과를 동시에 잡는 최고의 영어 학습법!
30장면만 익히면 영어 왕초보도 영화 주인공처럼 말한다!

재미와 효과를 동시에 잡는 최고의 영어 학습법!

영화로 영어 공부를 하는 것은 이미 많은 영어 고수들에게 검증된 학습법이자, 많은 이들이 입을 모아 추천하는 학습법입니다. 영화가 보장하는 재미는 기본이고, 구어체의 생생한 영어 표현과 자연스러운 발음까지 익힐 수 있기 때문이죠. 잘만 활용한다면, 원어민 과외나 학원 없이도 살아있는 영어를 익힐 수 있는 최고의 학습법입니다. 영어 공부가 지루하게만 느껴진다면 비싼 학원을 끊어놓고 효과를 보지 못했다면, 재미와 실력을 동시에 잡을 수 있는 영화로 영어 공부에 도전해보세요!

영어 학습을 위한 최적의 영화 장르, 애니메이션!

영화로 영어를 공부하기로 했다면 영화 장르를 골라야 합니다. 어떤 영화로 영어 공부를 하는 것이 좋을까요? 슬랭과 욕설이 많이 나오는 영화는 영어 학습에는 별로 도움이 되지 않습니다. 실생활에서 자주 쓰지 않는 용어가 많이 나오는 의학 영화나 법정 영화, SF영화도 마찬가지죠. 영어 고수들이 추천하는 장르는 애니메이션입니다. 애니메이션에는 문장 구조가 복잡하지 않으면서 실용적인 영어 표현이 많이 나옵니다. 또한 성우들의 깨끗한 발음으로 더빙 되어있기 때문에 발음 훈련에도 도움이 되죠. 이 책은 디즈니의 〈라야와 마지막 드래곤〉 대본을 소스로, 현지에서 사용하는 생생한 표현을 배울 수 있습니다.

전체 대본을 공부할 필요 없다! 딱 30장면만 공략한다!

영화 대본도 구해놓고 영화도 준비해놨는데 막상 시작하려니 어떻게 공부를 해야 할 지 막막하다고요? 영화를 통해 영어 공부를 시도하는 사람은 많지만 좋은 결과를 봤다는 사람을 찾기는 쉽지 않습니다. 어떻게 해야 효과적으로 영어를 공부할 수 있을까요? 무조건 많은 영화를 보면 될까요? 아니면 무조건 대본만 달달달 외우면 될까요? 이 책은 시간 대비 최대 효과를 볼 수 있는 학습법을 제시합니다. 전체 영화에서 가장 실용적인 표현이 많이 나오는 30장면을 뽑았습니다. 실용적인 표현이 많이 나오는 대표 장면 30개만 공부해도, 훨씬 적은 노력으로 전체 대본을 학습하는 것만큼의 효과를 얻을 수 있죠. 또한 이 책의 3단계 훈련은 30장면 속 표현을 효과적으로 익히고 활용하는 데 도움을 줍니다. ❶ 핵심 표현 설명을 읽으며 표현에 대한 전반적인 이해를 하고 ❷ 패턴으로 표현을 확장하는 연습을 하고 ❸ 확인학습으로 익힌 표현들을 되짚으며 영화 속 표현을 확실히 익히는 것이죠. 유용한 표현이 가득한 30장면과 체계적인 3단계 훈련으로 영화 속 표현들을 내 것으로 만드세요!

이 책은 스크립트북과 워크북, 전 2권으로 구성되어 있습니다. 이 책은 스크립트북으로 전체 대본과 번역, 주요 단어와 표현 설명이 포함되어 있습니다. 각 Day마다 가장 실용적인 표현이 많이 나오는 장면이 표시되어 있습니다. 이 장면을 워크북에서 집중 훈련합니다.

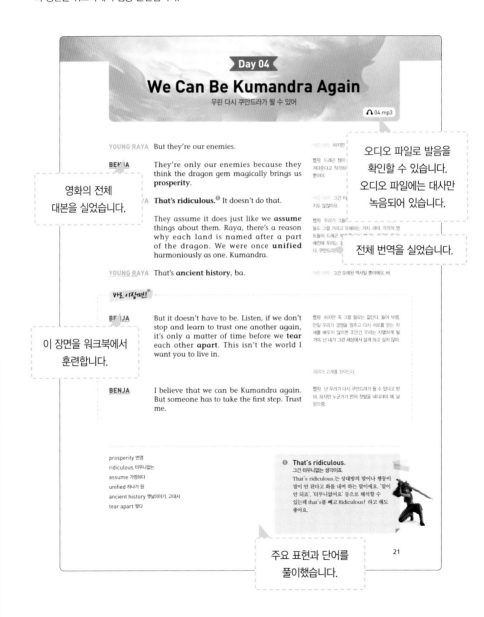

Day 04

We Can Be Kumandra Again
우린 다시 쿠만드라가 될 수 있어

🎧 04.mp3

영화의 전체 대본을 실었습니다.

오디오 파일로 발음을 확인할 수 있습니다. 오디오 파일에는 대사만 녹음되어 있습니다.

전체 번역을 실었습니다.

이 장면을 워크북에서 훈련합니다.

YOUNG RAYA But they're our enemies.

BENJA They're only our enemies because they think the dragon gem magically brings us **prosperity**.

That's ridiculous.① It doesn't do that.

They assume it does just like we **assume** things about them. Raya, there's a reason why each land is named after a part of the dragon. We were once **unified** harmoniously as one. Kumandra.

YOUNG RAYA That's **ancient history**, ba.

바로 이장면!

BENJA But it doesn't have to be. Listen, if we don't stop and learn to trust one another again, it's only a matter of time before we **tear** each other **apart**. This isn't the world I want you to live in.

BENJA I believe that we can be Kumandra again. But someone has to take the first step. Trust me.

prosperity 번영
ridiculous 터무니없는
assume 가정하다
unified 하나가 된
ancient history 옛날이야기, 고대사
tear apart 찢다

① **That's ridiculous.**
그건 터무니없는 생각이죠.
That's ridiculous.는 상대방의 말이나 행동이 말이 안 된다고 화를 내며 하는 말이에요. '말이 안 돼죠', '터무니없어요' 등으로 해석할 수 있는데 that's를 빼고 Ridiculous! 라고 해도 좋아요.

주요 표현과 단어를 풀이했습니다.

21

6

라야 Raya

심장의 땅 공주이자 여전사입니다. 분열된 쿠만드라를 '드룬'의 위험에서 구하기 위해 전설 속 마지막 드래곤을 찾아 여정을 떠납니다. 그녀에 곁에는 반려동물이자 이동 수단인 '툭툭'과 모험 중에 만난 동료들이 함께하기에 고된 여정도 잘 버텨 나갑니다.

시수 Sisu

라야가 세상을 구하기 위해 소환한 전설 속 드래곤입니다. 본래는 반짝거리는 푸른색 털의 드래곤이지만 모습을 감추기 위해 평범한 인간의 모습으로 변해 있습니다. '신뢰'를 중요시하는 멋진 정신의 소유자이지만 때로는 남을 너무 잘 믿는 탓에 곤란을 겪기도 합니다.

나마리 Namaari

송곳니의 땅 공주이자 여전사로, 어릴 적 라야와 껄끄러운 사건으로 원수가 되었습니다. 라야와 늘 대적하는 관계이지만, 쿠만드라를 구하고 싶은 마음만은 라야와 같습니다.

분, 노이 Boun, Noi

분은 수상 식당을 운영하는 소년으로 라야 일행의 여정에 수송자 역할을 합니다. 발톱의 땅에서 만난 좀도둑 아기, 노이는 엉기 세 마리와 다니는데 라야의 여정에 합류하며 크고 작은 활약을 합니다.

텅 Tong

척추 부족의 마지막 남은 전사로, 무서운 외모와는 다르게 마음이 여리고 순수합니다. '드룬'에게 희생된 가족들을 그리워하며, 특히 아기 노이에게 다정한 아빠 같은 노릇을 합니다.

차례

8

The Beginning of the Legend

전설의 시작

🎧 01.mp3

EXT. **DYSTOPIC** KUMANDRA – DAY
A LONE RIDER on a LARGE WHEEL tears through a **harsh**-looking landscape. She passes by stone statues and **ruins**, **overgrown** with **vines** and plants. Whatever this place is, it's not okay.

RAYA (V.O.) I know what you're thinking. A lone rider, a dystopian world, a land that's gone to waste - how did this world get so broken? Well, that all began 500 years ago.

The camera pulls high into the air, showing an **aerial** shot of Kumandra.
MONTAGE. Stylistically, the following sequence is performed using Southeast Asian-**inspired puppetry**. It begins with shots of the land, its people, and the **lush** river that connects them all.

RAYA (V.O.) Kumandra. This is what we used to be, when our land was whole and we lived **harmoniously alongside** dragons - magical creatures who brought us water and rain and peace.

DRAGONS leap out of the river like dolphins.

RAYA (V.O.) It was paradise.

A beautiful shot of Kumandran people and dragons living harmoniously.

RAYA (V.O.) But then, the druun came – a **mindless plague** that spread like **wildfire** - **multiplying** as they **consumed** life and turned everyone they touched into stone.

실외 암울한 모습의 쿠만드라 – 낮
고독한 방랑자가 큰 바퀴 모양의 물체를 타고 황량한 배경이 펼쳐진 곳으로 빠르게 질주한다. 여러 석상과 폐허가 된 건물을 지나는데 넝쿨과 잡초가 무성하게 자라 있다. 여기가 어디든 간에 괜찮은 곳 같지는 않다.

라야 (목소리) 당신이 무슨 생각을 하는지 알아요. 고독한 방랑자, 암울한 세계, 폐허가 된 땅 – 어떻게 세상이 이렇게 파괴되었나요? 자, 이 모든 일은 500년 전에 시작되었어요.

카메라가 공중으로 올라가더니 쿠만드라의 전체 모습이 한눈에 들어온다.
몽타주 화면. 다음 장면은 동남아시아 풍의 인형극을 활용하여 스타일리시하게 펼쳐진다. 땅과 사람들 그리고 이들을 모두 연결하는 푸른 강이 나타나며 이야기가 시작된다.

라야 (목소리) 쿠만드라. 이곳이 과거 우리의 모습이에요. 우리의 영토는 하나였고 드래곤들과 함께 조화롭게 살고 있었죠 – 그들은 우리에게 물과 비 그리고 평화를 가져다주는 마법의 존재들이었어요.

드래곤들이 마치 돌고래처럼 강 위로 솟아오른다.

라야 (목소리) 그곳은 낙원이었어요.

쿠만드라 사람들과 드래곤들이 조화롭게 생활하는 아름다운 장면이 나타난다.

라야 (목소리) 하지만 그때 드루인이 나타났어요. 그 영혼 없는 전염병이 산불처럼 삽시간에 퍼지며 생명체들을 삼켜 버리고 증식하더니 닿는 모든 이들을 돌로 만들어 버렸어요.

---

dystopic 암울한 미래상의
harsh 가혹한
ruins 폐허, 유적지
overgrown 마구 자란
vine 덩굴 식물
aerial 공중의
puppetry 인형극

lush 무성한, 푸른
harmoniously 조화롭게
alongside 함께
mindless 영혼 없는, 생각이 없는
plague 전염병
wildfire 산불, 도깨비불
multiply 증가하다
consume 먹다, 소비하다

The smoke-like DRUUN turns someone into stone by floating over them. As it does, the Druun multiplies into two. A war between the Druun and the Dragons **ensue**.

RAYA (V.O.) The dragons fought for us the best they could, but it wasn't enough.

Druun turn dragons and people into stone by the dozens. **Amid** the chaos, we find Sisu, a **majestic** blue Dragon who climbs to the highest point in Kumandra.

RAYA (V.O.) That's when the **mighty** Sisudatu, the last dragon, **concentrated** all her magic into a gem and...

She centers all her magic and -

RAYA (V.O.) ... **blasted** the druun away.

A MAGICAL EXPLOSION WIPES AWAY THE DRUUN and returns everyone back to normal.

RAYA (V.O.) Everyone that was turned to stone came back... except the dragons.

We see a stone dragon **graveyard**.

RAYA (V.O.) All that was left of Sisu was her gem.

Where Sisu stood, there's now a **glowing** Dragon Gem.

RAYA (V.O.) It should have been this big **inspirational** moment where humanity united over her sacrifice... but instead - people being people - they all fought to **possess** the last **remnant** of dragon magic.

연기처럼 보이는 드룬이 사람들 머리 위로 솟구치더니 돌로 만들어 버린다. 그러면서 드룬이 두 개로 증식한다. 드룬과 드래곤들과의 전쟁 장면이 이어진다.

라야 (목소리) 드래곤들은 우리를 위해 최선을 다해 싸웠지만, 역부족이었어요.

드룬은 수십 개씩 뭉쳐 드래곤들과 사람들을 돌로 만들어 버린다. 혼돈의 상황에서 시수의 모습이 보인다. 시수는 위풍당당한 푸른색 드래곤인데 쿠만드라에서 가장 높은 곳까지 올라와 있다.

라야 (목소리) 바로 그때 마지막 드래곤, 위대한 시수가 자신의 마법을 젬 안으로 모두 집어넣고는...

시수가 자신의 마법을 모두 끌어모으고 -

라야 (목소리) ... 드룬들을 완전히 파괴해 버렸어요.

마법과도 같은 폭발이 발생하더니 드룬을 완전히 휩쓸어 버리고 사람들은 정상으로 돌아온다.

라야 (목소리) 돌로 변했던 사람들은 모두 정상으로 돌아왔지만... 드래곤들은 그러지 못했어요.

드래곤 석상들이 있는 묘지가 보인다.

라야 (목소리) 시수에 대해 남아 있는 거라곤 그녀의 젬 뿐이었어요.

시수가 서 있던 곳에 드래곤 젬이 은은하게 빛나고 있다.

라야 (목소리) 인간들이 그녀의 숭고한 희생을 기리며 단합해야 할 순간에... 인간은 역시 인간들이었죠. 드래곤의 마법이 남아있는 마지막 물건을 차지하려고 서로 싸움을 했으니까요.

---

ensue 뒤따르다

amid 한가운데

majestic 장엄한, 당당한

mighty 강력한

concentrate 집중하다

blast 폭파시키나

graveyard 묘지

glow 빛을 발하다

inspirational 감동적인

possess 소유하다

remnant 나머지

We see the map of Kumandra split up.

RAYA	(V.O.) **Borders** were drawn. Kumandra divided. We all became enemies. And the gem had to be hidden.

쿠만드라의 지도가 갈라지는 모습이 보인다.

라야 (목소리) 국경이 생기고 쿠만드라가 갈라졌어요. 우리는 서로의 적이 되었죠. 그리고 그 젬은 숨겨 둬야 했어요.

We see a palace **erected** around the gem.

RAYA	(V.O.) But that's not how the world broke. That didn't truly happen until 500 years later when I came into the story...

젬 주변으로 궁궐이 지어진다.

라야 (목소리) 하지만 이것 때문에 세상이 파괴된 건 아니에요. 그 일은 500년 뒤 내가 이 이야기에 등장하면서 벌어지게 되었죠…

INT. DARK ROOM – NIGHT
DRIVING DRUM MUSIC takes us through QUICK FLASHES of:
- a WEAPONS closet being opened.
- gloved hands reaching for fighting sticks.
- a mask being tied on.
A young **warrior** headed out into the night. But then is stopped when she passes a METAL **CUFF**. Is it a weapon? A piece of **armor**? Nope, it's a cute HAIR TIE. **LIGHTNING** FLASHES casting light on our warrior, revealing it's YOUNG RAYA.

TITLE CARD: RAYA AND THE LAST DRAGON

EXT. HEART PALACE GROUNDS – CONTINUOUS
Raya runs over the rooftops, **leaping** from one building to the next. She does it **with stealth**, **athleticism**, and most importantly, STYLE...

INT. DRAGON TEMPLE – CONTINUOUS
She **sneaks into** the tunnel hallways of the ancient Dragon Temple. Her hands glide over **ornate** wall **carvings** of Dragons, then **abruptly** pauses. Something's not right. There's a strange GROOVE in it. Raya discovers a **loose** stone on the pathway, she **compresses** it - suddenly, a NET **swoops** down - but Raya avoids it with ease.

실내. 어두운 방 – 밤
휘몰아치는 북소리와 함께 다음 장면들이 빠르게 지나간다:
– 무기를 보관하는 벽장이 열린다.
– 장갑을 낀 손이 결투용 막대를 잡으려고 한다.
– 복면을 꽉 조여 맨다.
어린 전사 한 명이 한밤중에 밖으로 나온다. 금속으로 된 고리를 지나다가 발길을 멈춘다. 무기인가? 갑옷 부속 중의 하나일까? 아니다. 머리를 묶는 귀여운 장식이다. 번쩍하는 번갯불이 이 전사의 모습을 잠깐 비춘다. '어린 라야'이다.

제목: 라야와 마지막 드래곤

실외. 심장의 땅 궁궐 뜰 – 계속
라야, 지붕 위를 달리더니 한 건물에서 다른 쪽으로 뛰어 건넌다. 조용하고, 민첩하게 그리고 가장 중요한 '멋지' 있는 모습이다…

내부. 드래곤 신전 – 계속
라야가 고대 드래곤 신전의 복도 터널로 잠입한다. 그녀의 손이 드래곤 모양이 화려하게 장식된 벽을 훑고 지나가다가 갑자기 정지한다. 뭔가 잘못된 것 같다. 이상한 분위기가 느껴진다. 라야가 복도 바닥에 있는 헐거운 돌 하나를 발견하고 누르자 – 갑자기 올가미가 아래로 떨어진다 – 하지만 라야는 쉽게 그것을 피한다.

---

border 국경	athleticism 활동성, 민첩성
erect 세우다	sneak into 잠입하다
warrior 전사	ornate 장식된
cuff 수갑과 비슷한 고리	carving 조각
armor 갑옷	abruptly 갑자기
lightning 번개	loose 헐거운
leap 뛰다	compress 누르다
with stealth 조용하게	swoop 위에서 덮치다

바로 이 장면!*

YOUNG RAYA (humored) Looks like someone's trying to be clever.

She reaches into her **satchel** and pulls out what looks like a SMALL ARMORED BALL. She taps on it. The ball opens, revealing THE CUTEST FURRY FACE YOU HAVE EVER SEEN. This is Tuk Tuk, half **pill-bug**, half puppy.

YOUNG RAYA Alright, Tuk Tuk, let's show 'em what clever really looks like.

Tuk Tuk turns back into a ball and rolls down the chamber hallway, **triggering** BOOBY TRAPS: swinging nets spring up, designed to trap **intruders**. But Tuk Tuk rolls under the nets **unscathed**. Tuk Tuk unfurls and walks down the hallway, but gets distracted by a passing BUG.

YOUNG RAYA Tuk Tuk! Come on. Focus.

Tuk Tuk **obliges** and stays on task.

YOUNG RAYA Thank you.

Raya crawls safely under the nets behind Tuk Tuk.

YOUNG RAYA Hey, bud. That was awesome. Gimme some shell.

Tuk Tuk tries to high-five her, but ends up rolling over onto his back.

YOUNG RAYA (flips Tuk Tuk back over) **I gotcha.**❶

Raya comes to a large circular door and unlocks it.

어린 라야 (명랑하게) 누가 머리를 좀 쓴 것 같군.

라야가 가방에 손을 넣더니 갑옷을 입은 듯한 작은 공 모양의 물건을 꺼낸다. 가볍게 툭툭 건드리자 공이 펴지면서 너무나 귀여운 털뭉숭이 얼굴이 나타난다. 쥐며느리와 강아지의 모습을 한 '툭툭'이다.

어린 라야 자, 툭툭, 진짜로 머리를 쓰는 게 어떤 건지 한번 보여 주자고.

툭툭이 다시 공 모양으로 변하더니 방에 있는 복도를 따라 굴러가자 덫으로 놓은 장치들이 작동한다: 침입자를 잡기 위해 만들어진 그물이 갑자기 나타난다. 하지만 툭툭은 그물 밑으로 아무렇지 않게 굴러간다. 툭툭이 몸을 펼치고 복도를 걸어가다가 지나가는 벌레에 정신이 팔린다.

어린 라야 툭툭! 이봐. 집중해.

툭툭이 그 말을 듣고 계속 임무를 수행한다.

어린 라야 고마워.

툭툭을 따라 라야가 그물 아래로 안전하게 기어간다.

어린 라야 이봐, 친구. 정말 잘했어. 하이파이브.

툭툭이 그녀와 하이파이브를 하려는데 몸이 굴러서 등을 바닥에 대고 바둥거린다.

어린 라야 (툭툭을 다시 뒤집어 주며) 내가 해 줄게.

거대한 원형 문에 도착한 라야, 문을 연다.

---

satchel 한쪽으로 매는 가방
pill bug 쥐며느리 벌레
trigger 작동시키다, 촉발하다
intruder 침입자
unscathed 다치지 않은
oblige 응하다

❶ **I gotcha.**
내가 해 줄게.
I gotcha.는 I got you.를 줄인 말로 상대방에게 어떤 행동을 도와주겠다고 하는 말이에요. 또한 '알겠어'라는 뜻으로 상대방이 한 말을 이해했다고 할 때 쓸 수도 있고 상난치면서 '속았지!'라는 의미로도 쓸 수 있어요.

INT. **CHAMBER** OF THE DRAGON GEM – CONTINUOUS
Raya takes off her shoes and leaves them at the **doorway** as she steps into the inner chamber of the **temple**. GLOWING FLOWERS light the way as, underfoot, a **stream** of water flows AGAINST **GRAVITY** up some steps. Raya looks around, sensing the MAGIC of the place. She steps into the open room to see: THE DRAGON GEM

YOUNG RAYA   Whoa.

It **floats** above a small pond in the middle of the room. It's a **multi-faceted** glowing **orb**, **emanating** a MAGIC ENERGY that's reflected in the glowing flowers and **otherworldly** light around it. **Stepping stones** lead across the pond towards the Gem. Young Raya heads for the Gem, then pauses -

YOUNG RAYA   (realizes) Wait a second... this feels too easy...

실내. 드래곤 젬의 방 – 계속
라야는 신발을 벗어 입구에 두고 신전의 안쪽 방으로 들어간다. 꽃들이 은은한 빛을 내며 길을 밝혀 주는데 발아래로 물줄기가 중력을 거슬러 계단 위로 올라간다. 주변을 둘러보는 라야. 이곳의 마법을 느낄 수 있다. 라야가 탁 트인 공간으로 들어서자 무언가가 보인다: 드래곤 젬이다

어린 라야   와.

그것은 방 가운데 위치한 작은 연못 위에 떠 있다. 드래곤 젬은 사방으로 빛이 나는 공 모양의 물체이다. 은은한 빛을 내는 꽃들과 주위를 둘러싼 초자연적인 불빛은 드래곤 젬이 발산하는 마법과 같은 에너지에 반사되고 있는 것이었다. 돌로 된 징검다리가 연못을 건너 젬으로 갈 수 있도록 놓여 있다. 어린 라야가 젬을 향해 다가서다가 잠시 멈춘다 –

어린 라야   (무언가 생각 난 듯) 잠깐… 이거 너무 쉬운 느낌인데…

chamber 방
doorway 출입구
temple 신전
stream 물줄기
gravity 중력
float 떠다니다
multi-faceted 많은 면을 가진
orb 구

emanate 발하다
otherworldly 비현실적인
stepping-stone 징검다리 돌

Raya, a New Guardian of the Dragon Gem

라야, 드래곤 젬의 새로운 수호자

🎧 02.mp3

She turns to see A GOLDEN MASKED WARRIOR standing between her and the Gem.

그녀가 고개를 돌리니 황금 가면을 쓴 전사가 젬을 가로 막고 서 있다.

바로 이장면!*

YOUNG RAYA (humored) Chief Benja. Look, I know it's your job to try and stop me, but you won't.

어린 라야 (명랑하게) 벤자 족장. 이봐요, 나를 막는 게 당신의 임무인 건 알지만, 그럴 순 없을 거예요.

BENJA Don't **mistake** spirit **for** skill, young one. I promise you will not set foot on the Dragon Gem's **inner circle**. Not even a toe.

벤자 배짱이 있다고 기술도 있을 거라고 착각하면 안 되지, 꼬마 아가씨. 드래곤 젬의 중심부에는 한 발도 못 붙이게 하겠어. 발가락 하나도 용납할 수 없어.

YOUNG RAYA You might want to take out that **blade**. You're gonna need it.

어린 라야 그 검을 꺼내는 게 좋을 거예요. 꼭 필요할 테니까.

BENJA Not today.

벤자 오늘은 아니야.

The Masked Warrior **detaches** his sword from his belt, but doesn't **remove** it **from** its **sheathe**. Raya attacks. THEY FIGHT - it's fun, **athletic**. They're both highly skilled, but Benja is clearly the **superior** fighter. He **disarms** Raya and puts her on point. With the tip of his sheathed sword inches away from her face, he then...

가면을 쓴 전사가 허리띠에서 검을 뽑지만 검을 칼집에서 빼지는 않았다. 라야가 공격한다. 그들이 결투한다 – 재미있으면서도 역동적이다. 그들 모두 매우 기술이 좋지만, 벤자가 한 수 위에 있는 전사이다. 그가 라야의 손에서 무기를 떨어뜨리고 칼끝을 그녀에게 갖다 댄다. 칼집이 아직 꽂혀 있는 검의 끝이 그녀의 얼굴 바로 앞에 있다. 그는…

BENJA BOOP.

벤자 콕.

... "boops" her on the nose with it. He removes his mask, revealing BENJA, Raya's father.

… 라야의 코를 칼집으로 '콕' 하고 살짝 누른다. 그가 가면을 벗는다. 라야의 아버지 '벤자'이다.

BENJA Like I said, not one foot on the inner circle. You lost, Raya.

벤자 내가 말했지, 중심부에는 한 발도 못 붙인다고. 네가 졌어, 라야.

---

guardian 수호자

humored 명랑한

mistake ... for ~ …을 ~로 오해하다

inner circle 핵심층, 중추 세력

blade 칼날, 검

detach 분리하다 떼다

remove ... from ~ …을 ~에서 빼다/제거하다

sheathe 칼집

athletic 역동적인

superior 우세한

disarm 무장해제시키다

15

YOUNG RAYA (smug) Did I?

어린 라야 (우쭐해 하며) 정말로 그런가요?

The Masked Warrior looks down to see that Raya has her toe touching the Gem's inner circle platform.

가면을 쓴 전사가 아래를 내려다보니 라야가 발가락으로 드래곤 젬의 중심부 받침돌을 건드리고 있다.

BENJA (with seeming pride) Raya... (but in reality) ... I probably should have said two feet.

벤자 (자랑스러운 듯) 라야… (하지만 실제로는) … 내가 두 발이라고 해야 했는데.

YOUNG RAYA Hey. Don't **beat yourself up** too much, Chief Benja. **You gave it your best.❶**

어린 라야 이봐요. 너무 자책하지 말아요. 벤자 족장님. 최선을 다하셨잖아요.

BENJA I won't. And it's either father or ba to you. (smiles) You did good, **dewdrop**. (with great affection) You passed the test.

벤자 안 그래. 그리고 아버지나 '바'라고 불러야지. (미소 지으며) 잘했어. 우리 딸. (매우 다정하게) 넌 시험을 통과했어.

He gestures for her to step onto the Gem's circle. Raya takes a breath and does - it's a moment she's been working towards her whole life. Raya is **transfixed** by the Gem's **brilliance**. Her **cockiness** falls away as she's caught up in its magic.

벤자는 그녀가 젬의 중심부로 들어갈 수 있게 비켜선다. 라야가 심호흡을 크게 하고 중심부로 발걸음을 옮긴다 – 그녀가 평생토록 노력하며 꿈꾸던 순간이다. 라야는 젬의 광채에 완전히 압도되었다. 그 마법에 사로잡혀 건방진 모습은 온데간데없이 사라졌다.

YOUNG RAYA Wow. The spirit of Sisu.

어린 라야 와. 시수의 정령이네요.

Benja smiles - he's been waiting for this moment his whole life too. They approach the Gem and Raya kneels, he **follows suit**. She looks, **entranced**, at the GLOWING WATER DROPLETS spiraling around and above the Gem.

벤자가 미소 짓는다 – 그도 역시 이 순간을 평생토록 기다리고 있었다. 그들이 젬으로 다가가고, 라야가 무릎을 꿇자. 아빠도 따른다. 그녀는 은은한 빛을 발산하며 젬 주변과 그 위를 맴도는 물방울들을 황홀한 표정으로 바라본다.

BENJA For generations, our family has sworn to protect the gem. Today, you will join that **legacy**.

벤자 우리 가문은 대대로 젬을 수호하기로 맹세했지. 오늘부터 너도 이 전통의 계승자가 되는 거야.

Benja scoops up water with his hands.

벤자가 양손으로 물을 뜬다.

BENJA Raya, Princess of Heart, my daughter. You are now a Guardian of the Dragon Gem.

벤자 라야. 심장의 공주. 내 딸아. 넌 이제 드래곤 젬의 수호자란다.

---

beat yourself up 자책하다
dewdrop 이슬방울 (애칭; 내 딸)
transfix 얼어붙게 만들다
brilliance 광채, 우수함
cockiness 건방짐
follow suit 따라하다
entrance 황홀하게 하다
legacy 유산

❶ **You gave it your best.**
당신은 최선을 다 했잖아요.
상대를 위로할 때 자주 쓰는 말이죠. 이 대사에서는 best 뒤에 shot이 생략이 된 거예요. give it one's best shot 은 '최선을 다하다'라는 뜻인데 우리가 잘 알고 있는 do one's best 와 비슷한 표현이에요.

As Benja pours it on her head, Raya's bows. It's a **sacred**, **intimate ceremony**. As the water **trickles down** her face, **to** Raya**'s amazement** the droplets start to GLOW and float all around her, joining the droplets **encircling** the Gem. Benja looks at his daughter with pride, as Raya accepts this new **responsibility**. He puts an arm around her as she leans her head on his shoulder. This is everything she's ever wanted.

벤자가 물을 그녀의 머리 위에 뿌리자, 라야가 고개를 숙인다. 신성하면서도 친밀함이 느껴지는 의식이다. 물이 그녀의 얼굴을 타고 떨어진다. 놀랍게도 물방울들이 빛을 내며 라야 주변을 떠다니다가 젬 주위를 돌고 있는 다른 물방울과 어우러진다. 라야가 새로운 책임을 맡은 것에 감동해서 벤자가 자랑스럽게 딸을 바라본다. 그가 그녀를 감싸안자 그녀가 그의 어깨에 머리를 기댄다. 지금 이 순간은 그녀가 진정으로 원했던 것이다.

---

sacred 신성한

intimate 친밀한

ceremony 의식

trickle down 흘러내리다, 주르르 흐르다

to one's amazement 놀랍게도

encircle (둥글게) 둘러싸다

responsibility 책임

Five Divided Lands

다섯 개로 분리된 땅

🎧 03.mp3

EXT. HEART PALACE – DAY
A MONTAGE of life in Heart. **Cranes** elegantly **glide** above Heart's temple. Small fantastical **critters scurry** across branches. A hand **delicately places** flowers into a **spirit house**. Life here is peaceful and good.

INT. PALACE HALLWAY – DAY
Benja walks down the palace hallways. Raya jumps into it, walks a few steps ahead of him, throwing strikes and kicks, swept up in an **imaginary** fight.

실외. 심장의 땅 궁궐 – 낮
심장의 땅 생활을 보여주는 몽타주 화면. 두루미들이 심장의 땅 신전 위로 우아하게 날아간다. 조그만 상상의 동물들이 재빨리 나뭇가지 위로 지나간다. 성소(영혼의 집)에 섬세하게 꽃을 올리는 손이 보인다. 이곳의 생활은 평온하고 훌륭하다.

실내. 궁궐의 복도 – 낮
벤자가 궁궐의 복도를 걸어간다. 라야가 복도로 뛰어들어, 아빠 몇 발짝 앞에서 가상의 싸움을 하듯이 찌르기와 발치기 동작하며 걸어간다.

바로 이장면!*

BENJA	Well, someone's excited.
YOUNG RAYA	Yeah, I mean anyone hoping to steal the dragon gem now has to **face** the **fury** of the TWO baddest blades in all the lands.
BENJA	(**confidentially**) I'm glad you feel prepared, dewdrop, because I have something important to tell you - the other lands… they're on their way here as we speak.
YOUNG RAYA	They are?
YOUNG RAYA	Okay, OKAY, we can do this. I'm ready. I know exactly how we'll stop them.
BENJA	(**unconvinced**) Really? Tell me what you know about the other lands.

벤자 우리 공주님 신나셨네.

어린 라야 네, 그러니까 이제 드래곤 젬을 훔치려는 사람들은 이 모든 땅에서 가장 무서운 두 검의 분노와 마주해야 할 거예요.

벤자 (은밀하게) 네가 준비된 것 같아서 기쁘구나, 내 딸. 왜냐면 네게 긴히 할 말이 있거든 - 다른 영토 사람들이… 우리가 말한 것처럼 지금 이곳으로 오고 있단다.

어린 라야 그들이요?

어린 라야 네, 알았어요. 우린 할 수 있어요. 저도 준비가 됐어요. 어떻게 그들을 막을지 확실히 알고 있다고요.

벤자 (미심쩍어 하며) 정말? 다른 영토에 대해 알고 있는 걸 말해 보렴.

---

crane 두루미
glide 미끄러지듯 가다, 활공하다
critter 생물
scurry 황급하게 움직이다
delicately 섬세하게, 우아하게
place 두다
spirit house 영혼의 집 (동남아시아에서 볼 수 있는 신, 영혼을 모시는 작은 집(사원). 꽃, 향, 음료, 음식 등을 바침)

imaginary 상상의
face 마주하다
fury 분노
confidentially 은밀하게
unconvinced 확신하지 못하는

Zoom into the desert region of Kumandra and Tail Mercenaries sharpening a sharp blade...

쿠만드라 사막 지역과 날카로운 칼날을 갈고 있는 꼬리 부족의 용병들이 화면에 부각되고…

YOUNG RAYA (V.O.) First: Tail. A **sweltering** desert with sneaky **mercenaries** who fight dirty.

어린 라야 (목소리) 먼저: 꼬리의 땅. 찜통 사막에서 비열하게 싸우는 교활한 용병들의 영토죠.

The Tail Chief slashes at camera. Zoom into the port-city of Kumandra and Talon Merchants.

꼬리의 땅 족장이 카메라를 응시하고 칼로 허공을 가른다. 쿠만드라 항구 도시와 발톱 부족의 상인들이 화면에 부각된다.

YOUNG RAYA (V.O.) Second: **Talon.** A floating market famous for fast deals and fighters with even faster hands.

어린 라야 (목소리) 두 번째: 발톱의 땅. 신속 거래와 그보다 더 잽싼 주먹을 가진 싸움꾼들로 유명한 수상 시장이죠.

The Talon Chief slices fruits in the air with a pair of knives. On the snow-covered mountains of Spine, we see an army of LARGE **BARBARIANS**.

발톱의 땅 족장이 공중에서 과일을 쌍칼로 조각내 버린다. 눈 덮인 척추의 땅 산맥과 덩치가 큰 야만인 부대가 보인다.

YOUNG RAYA (V.O.) Third: Spine. A **frigid**, bamboo forest guarded by exceptionally large warriors and their giant axes.

어린 라야 (목소리) 세 번째: 척추의 땅. 몹시 추운 대나무 숲을 덩치가 엄청 큰 전사들이 거대한 도끼를 들고 지키고 있어요.

A shot of the WARRIORS OF FANG.

송곳니 부족의 전사들이 화면에 보인다.

YOUNG RAYA (V.O.) Fourth: Fang, our fiercest enemy. A nation protected by angry **assassins**... and their even angrier cats.

어린 라야 (목소리) 네 번째: 송곳니의 땅. 가장 사악한 우리의 적이죠. 분노에 찬 자객들과… 성질이 더 고약한 고양이들이 지키고 있는 나라예요.

Reveal the angry cat in one of their arms.

송곳니 부족의 팔에 성질 사나운 고양이가 안겨 있다.

CATS (voiced by Raya) Hisss!

고양이 (라야의 목소리로) 냐아아옹!

INT. KITCHEN – DAY
Back to reality, Tuk Tuk hisses like the cat to **compliment to** Raya's story as... Raya and Benja enter the kitchen.

실내. 주방 – 낮
현재 화면으로 돌아와서, 툭툭이 라야의 말에 칭찬하듯 고양이처럼 소리내고 라야와 벤자가 주방으로 들어간다.

YOUNG RAYA Okay, so we're gonna need crossbows. And **catapults**. Ooo, **what about flaming catapults?**[1]

어린 라야 자, 그럼 석궁이 필요해요. 투석기도 있어야 하고, 오오, 불꽃을 내뿜는 투석기는 어때요?

sweltering 푹푹 찌는
mercenary 용병
talon 발톱
barbarian 야만인
frigid 몹시 추운
assassin 자객
complement to 칭찬하다
catapult 투석기

[1] **What about flaming catapults?**
불꽃을 내뿜는 투석기는 어때요?
What about ~?은 '~는 어때요?'라는 뜻으로 상대방에게 무언가를 제안할 때 쓰는 표현이에요. 문맥에 따라서는 '~는 어떻게 하고?'라는 의미로 살짝 따지는 투로 물어볼 때 쏠 수도 있어요.

Benja walks over to a soup pot...

벤자가 수프 냄비 쪽으로 다가간다…

BENJA (adds **ingredients**) Or... how about - Shrimp **paste** from Tail, **lemongrass** from Talon, **Bamboo shoots** from **Spine**, **chilis** from **Fang**, and **palm sugar** from Heart.

벤자 (재료를 첨가하며) 아니면… 이건 어때니 - 꼬리의 새우장, 발톱의 레몬그라스, 척추의 죽순, 송곳니의 고추, 그리고 심장의 팜 슈거 말이야.

YOUNG RAYA (confused) We'll **poison** them?

어린 라야 (의아해 하며) 독살하려구요?

BENJA No, we're not going to poison them and we're not going to fight them. We're going to **share** a **meal** with them.

벤자 아니야, 우리는 그들을 독살하지도 않을 거고 싸우지도 않을 거야. 그들과 함께 식사할 거란다.

YOUNG RAYA Wait, what?

어린 라야 잠깐만요, 뭐라고요?

BENJA I invited them.

벤자 내가 그들을 초대했어.

Benja **hands** her a **bowl** of soup.

벤자가 라야에게 수프 한 그릇을 건넨다.

---

ingredient 재료

paste 반죽, 장

lemongrass 레몬그라스

bamboo shoot 죽순

spine 척추

chili 고추, 칠리

fang 송곳

palm sugar 팜 슈거 (야자당; 야자나무 꽃에서 추출한 수액으로 만든 감미료)

poison 독살시키다

share 공유하다, 함께하다

meal 식사

hand 건네다

bowl 사발 (a bowl of ~ 한 사발/그릇)

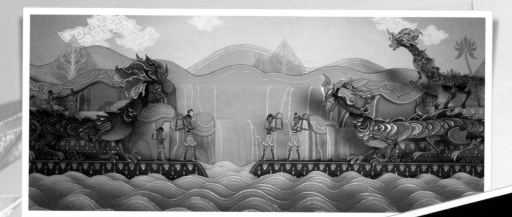

DISNEY

RAYA
AND
THE LAST DRAGON

We Can Be Kumandra Again

우린 다시 쿠만드라가 될 수 있어

🎧 04.mp3

YOUNG RAYA	But they're our enemies.
BENJA	They're only our enemies because they think the dragon gem magically brings us **prosperity**.
YOUNG RAYA	**That's ridiculous.**❶ It doesn't do that.
BENJA	They assume it does just like we **assume** things about them. Raya, there's a reason why each land is named after a part of the dragon. We were once **unified** harmoniously as one. Kumandra.
YOUNG RAYA	That's **ancient history**, ba.

*바로 이장면!**

BENJA	But it doesn't have to be. Listen, if we don't stop and learn to trust one another again, it's only a matter of time before we **tear** each other **apart**. This isn't the world I want you to live in.
Raya nods.	
BENJA	I believe that we can be Kumandra again. But someone has to take the first step. Trust me.

어린 라야 하지만 그들은 우리의 적이잖아요.

벤자 드래곤 젬이 마법으로 우리에게 번영을 가져다준다고 착각하고 있어서 우리의 적이 되었을 뿐이야.

어린 라야 그건 터무니없는 생각이죠. 실제 그렇지도 않잖아요.

벤자 우리가 그들에 대해서 오해하는 것처럼 그들도 그럴 거라고 오해하는 거지. 라야, 각각의 영토들이 드래곤 부위를 따서 부르는 이유가 있어. 예전에 우리는 조화롭게 하나로 통합되어 있었단다. 쿠만드라.

어린 라야 그건 오래된 역사일 뿐이에요, 바.

벤자 하지만 꼭 그럴 필요는 없단다. 들어 보렴. 만일 우리가 경쟁을 멈추고 다시 서로를 믿는 자세를 배우지 않으면 조만간 우리는 자멸하게 될 거야. 난 네가 그런 세상에서 살게 하고 싶지 않아.

라야가 고개를 끄덕인다.

벤자 난 우리가 다시 쿠만드라가 될 수 있다고 믿어. 하지만 누군가가 먼저 첫발을 내디뎌야 해. 날 믿으렴.

---

prosperity 번영
ridiculous 터무니없는
assume 가정하다
unified 하나가 된
ancient history 옛날이야기, 고대사
tear apart 찢다

❶ That's ridiculous.
그건 터무니없는 생각이죠.
That's ridiculous.는 상대방의 말이나 행동이 말이 안 된다고 화를 내며 하는 말이에요. '말이 안 되죠', '터무니없어요' 등으로 해석할 수 있는데 that's를 빼고 Ridiculous! 라고 해도 좋아요.

EXT. BRIDGE
Raya and Benja stare at an **armada** of different **clans**. We see the flags and **unamused** faces of the five different nations.

YOUNG RAYA | (whispers) Things look a little tense, ba.

BENJA | Don't worry. I'm gonna open with a joke.

YOUNG RAYA | Please, don't.

BENJA | I'm kidding, I'm kidding.

BENJA | (steps **forward**) People of Tail, Talon, Spine, and Fang, welcome to Heart. For far too long we have been enemies. But today is a new day. Today, we can be Kumandra once more.

TAIL CHIEF | (**satirizes**) Nice speech, Chief Benja, but why'd you really bring us here? Are you gonna **rob** us?

DANG HAI (TALON CHIEF) | Why would he need to **rob** us? The land of Heart already has everything.

SPINE CHIEF | It's easy to **pontificate** on Kumandra when you hold the **mightiest** weapon in all the lands.

BENJA | The gem's not a weapon, it's a sacred **relic**.

Raya looks around and sees all the angry voices shouting from the crowds. Her eyes catch NAMAARI's (also 12, the only other kid in this army of angry adults). They share a smile as all the adults argue away. Raya **makes a decision** and steps forward, gives a **respectful bow** before speaking.

실외. 다리
라야와 아빠가 다른 부족들의 군대를 바라보고 있다. 다섯 국가의 깃발과 심각한 표정을 한 얼굴들이 보인다.

어린 라야 (속삭이며) 분위기가 좀 심각한데요, 바.

벤자 걱정 마. 농담으로 시작할 테니까.

어린 라야 제발, 그러지 마세요.

벤자 농담이야, 농담이라고.

벤자 (앞으로 나가며) 꼬리, 발톱, 척추, 그리고 송곳니 부족 여러분. 심장의 땅에 오신 것을 환영합니다. 아주 오랫동안 우리는 서로에게 적이었죠. 하지만 오늘은 새로운 날입니다. 오늘부터 우리는 다시 한번 쿠만드라가 될 수 있습니다.

꼬리의 땅 족장 (비아냥대며) 멋진 연설이었소, 벤자 족장. 하지만 우리를 여기로 부른 진짜 이유가 뭐요? 우리 것을 뺏으시려고?

댕 하이 (발톱의 땅 족장) 저 사람이 왜 우리 것을 뺏으려 하겠어요? 심장의 땅은 이미 모든 걸 다 가졌는데.

척추의 땅 족장 모든 영토 중에서 가장 강력한 무기를 가지고 있으니 쿠만드라에 대해 거들먹거리는 게 쉽지.

벤자 젬은 무기가 아닙니다. 신성한 유물이죠.

라야가 주변을 살펴보는데 화를 내며 소리 지르는 사람들만 보인다. 그녀의 시선이 나마리와 마주친다. (12살 동갑으로 화가 난 어른들 사이에 있는 유일한 아이이다) 어른들이 논쟁하는 동안 그들은 서로에게 미소를 짓는다. 라야가 결심한 듯 앞으로 나가더니 공손하게 절을 하고 말을 시작한다.

---

armada 함대, 무리

clan 부족

unamused 무표정의, 재미없어하는

forward 앞으로

satirize 비꼬다, 풍자하다

rob 강탈하다

pontificate 거들먹거리며 말하다

mighty 강력한, 힘센 (최상급: mightiest)

relic 유물

makes a decision 결정하다

respectful 존경하는

bow 절

YOUNG RAYA   I have something to say...

The crowds **hushes**...

YOUNG RAYA   **Who's hungry?**[1]

No one in the crowd responds... except for one hand raises, a SPINE WARRIOR from the **congregation** of Spine. His fellow warriors eye-shame him into lowering it. Namaari **giggles** at him. She looks up at her mother, VIRANA (Queen of Fang), asking for **permission** to approach.

VIRANA   (whispers) Go ahead. It's alright.

Namaari walks to Raya.

YOUNG NAMAARI   I'm Namaari. Of Fang.

YOUNG RAYA   Hi Namaari, I'm Raya.

Raya notices Namaari's necklace.

YOUNG RAYA   Is that Sisu?! **(embarrassed)** Sorry. I might be a little bit of a dragon **nerd**.

YOUNG NAMAARI   Hey. I'm the one wearing the Sisu fan-necklace.

The girls are clearly **cut from the same cloth**. Raya invites Namaari into the palace.

YOUNG RAYA   Come on. Have you eaten yet?

The two girls follow each other over the bridge into the palace as Benja smiles, proud of his daughter.

어린 라야   저도 할 말이 있어요…

사람들이 조용하다…

어린 라야   배고프신 분?

아무도 반응하지 않는데… 손 하나가 올라간다. 척추 부족의 전사이다. 그의 동료 전사들이 눈치를 주자 그가 손을 내린다. 나마리가 그를 보고 피식 웃는다. 그녀가 어머니 비라나(송곳니 부족의 족장)를 올려다보는데, 라야에게 가도 되는지 허락을 구하는 듯하다.

비라나   (속삭이며) 가 봐. 괜찮아.

나마리가 라야에게 걸어간다.

어린 나마리   난 나마리야. 송곳니 부족이지.

어린 라야   안녕 나마리, 난 라야라고 해.

라야가 나마리의 목걸이를 알아본다.

어린 라야   그거 시수니?! (당황해서) 미안, 내가 드래곤 덕후 기질이 좀 있거든.

어린 나마리   이봐, 시수의 팬 목걸이를 하고 있는 건 나라고.

두 소녀가 여러모로 비슷한 모습이다. 라야가 나마리를 궁궐 안으로 데리고 간다.

어린 라야   자 가자. 너 뭐 좀 먹었니?

두 소녀가 서로를 따라 궁궐로 향하는 다리에 오르자 벤자가 딸이 자랑스러운 듯 미소 짓는다.

---

hush 조용하다
congregation 군중
giggle 킬킬거리며 웃다
permission 허락
embarrassed 당황한
nerd 괴짜
cut from the same cloth 비슷한

❶ **Who's hungry?**
배고프신 분?
Who's ~? 혹은 Who wants to ~?는 여러 사람들에게 어떤 행동을 하자고 재미있게 제안하는 표현이에요. 특히 아이들에게 놀이를 하자고 제안할 때나 선물 등을 주려고 할 때 자주 쓰는 표현이랍니다.

Raya's New Friend
라야의 새 친구

🎧 05.mp3

INT. PALACE – DAY
The interior of the palace. It's crowded. Focus shifts to Young Raya and Namaari who are **hanging out at the edge of** the room. Tuk Tuk reaches to **nibble** at a **skewer** of food just as Raya picks it up.

실내. 궁궐 – 낮
궁궐 안. 사람들로 북적인다. 화면이 구석에서 놀고 있는 어린 라야와 나마리에게 이동한다. 툭툭이 꼬치 음식을 먹으려고 다가가는데 라야가 그 음식을 집어 든다.

YOUNG RAYA   (mid-laugh) **Seriously?**❶ Your mom actually said that? **Awkward.**

어린 라야 (반쯤 웃으면서) 정말이야? 너희 엄마가 진짜 그렇게 말씀하셨어? 이상해.

Namaari laughs in **acknowledgment**.

나마리도 인정하며 웃는다.

YOUNG RAYA   Okay, next question - hand-to-hand or swords?

어린 라야 알았어. 다음 질문 – 맨손으로 싸우기 아니면 검을 들고 싸우기?

YOUNG NAMAARI (duh) Blades all day.

어린 나마리 (당연하다는 듯) 온종일 검술이지.

YOUNG RAYA   Right?

어린 라야 정말?

YOUNG NAMAARI Okay... dressy or casual?

어린 나마리 그럼… 잘 차려 입기 아니면 편하게 입기?

YOUNG RAYA   Only a monster would choose to wear this outfit **on the regular**.

어린 라야 괴물들만 매번 이런 옷을 입으려고 할 거야.

YOUNG RAYA   Rice or stew?

어린 라야 밥 아니면 스튜?

Namaari however goes silent.

나마리가 어쩐지 말이 없어진다.

YOUNG RAYA   I didn't think that'd **stump** you.

어린 라야 널 당황하게 할 생각은 아니었어.

YOUNG NAMAARI This is actually one of the first times I've had rice in a while.

어린 나마리 사실 오늘 참 오랜만에 밥을 먹은 거라서.

YOUNG RAYA   Really?

어린 라야 정말이야?

---

hang out 시간을 보내다
at the edge of ~의 가장자리, 끝에서
nibble 조금씩 먹다
skewer 꼬치 음식
awkward 어색한
acknowledgement 인정
on the regular 정규적으로
stump 쩔쩔매게 하다

❶ **Seriously?**
정말이야?
상대방의 말에 살짝 놀란 리액션을 보여주고 싶다면 Seriously? 라고 해 보세요. Are you serious? 역시 같은 의미로 쓸 수 있는데 '진짜니?', '정말이야?'라고 해석하는 게 좋아요.

YOUNG NAMAARI	Fang may look nice on the outside, but we have some pretty big holes on the inside.	어린 나마리　송곳니 부족은 겉으로는 좋아 보이지만, 안에는 꽤 큰 문제점들이 있어.
YOUNG RAYA	Oh.	어린 라야　오.

*바로 이장면!**

YOUNG NAMAARI	Sorry, didn't mean to **bring it down**. So where were we? We both have single parents who are terrible at telling jokes, we're both warrior-women who **despise uncomfortable** formal wear –	어린 나마리　미안, 분위기를 가라앉힐 의도는 아니었는데, 어디까지 말했지? 우리 둘 다 편부모 가정이고 부모님들은 썰렁한 농담만 하지, 불편한 옷은 아주 싫어하는 여전사들이고 –
YOUNG RAYA	- AND we're both Sisu super fans.	어린 라야　– 그리고 둘 다 시수 덕후야.
YOUNG NAMAARI	Yeah. (hushed) You know, Fang **legend** says she's still out there.	어린 나마리　그래. (나지막하게) 있잖아, 송곳니의 전설에 따르면 시수가 아직도 살아 있대.
YOUNG RAYA	Sisu? **You're kidding, right?**❶	어린 라야　시수가? 농담이지, 그치?
YOUNG NAMAARI	Wanna see something?	어린 나마리　뭐 좀 보여줄까?

Young Namaari looks around. No one is paying attention to them. She pulls out a **scroll**.	어린 나마리가 주변을 둘러본다. 아무도 그들에게 관심을 두지 않는다. 그녀가 두루마리 하나를 꺼낸다.

YOUNG RAYA	(in awe) Are you supposed to have that?	어린 라야　(놀라며) 그거 가지고 있어도 되는 거야?
YOUNG NAMAARI	(duh) No.	어린 나마리　(당연하다는 듯) 물론 안 되지.

She handles it gently with **reverence**. Namaari opens the scroll, revealing an **intricate** design of Sisu and the Druun.	아주 경건하게 그 물건을 다룬다. 나마리가 두루마리를 펼치자 시수와 드룬이 등장하는 복잡한 그림이 나타난다.

YOUNG NAMAARI	According to this, after the Mighty Sisu blasted away all the druun, she fell into the water and floated **downstream**. Legends say she's now sleeping at the river's end.	어린 나마리　여기에 따르면, 용맹한 시수가 드룬을 모두 물리친 뒤 물에 빠져서 아래로 흘러내려 갔다는 거야. 전설에 따르면 그녀가 지금 강 끝에서 잠들어 있대.

---

bring it down 분위기를 다운시키다

despise 혐오하다

uncomfortable 불편한

legend 전설

scroll 두루마리

reverence 존경

intricate 복잡한

downstream 하류로

❶ **You're kidding, right?**
농담이지, 그치?
You're kidding, right? 는 상대방의 말을 믿지 못하겠다는 리액션으로 자주 쓰는 회화 표현이에요. You're kidding me. 혹은 You must be joking 역시 같은 의미로 자주 쓰는 말이에요.

Tuk Tuk **crawls** onto the scroll and looks at the design with the girls.	툭툭이 두루마리 위를 천천히 움직이며 두 소녀와 함께 그림을 바라본다.

YOUNG RAYA | But which river? There's like hundreds.

어린 라야 하지만 어떤 강을 말하는 거야? 강이 수백 개나 있잖아.

YOUNG NAMAARI I don't know. But if we could find it, could you **imagine**? A dragon back in the world? Things could be so much better.

어린 나마리 나도 몰라. 하지만 우리가 찾으면, 상상이나 할 수 있겠니? 드래곤이 다시 세상으로 돌아온다니. 상황이 훨씬 더 좋아질 거라고.

YOUNG RAYA | (looks at her dad) Yeah, maybe we really could be Kumandra again.

어린 라야 (아빠를 바라보며) 그래, 아마 우리가 다시 쿠만드라가 될 수 있겠지.

Namaari makes a decision. She **takes off** her necklace and **hands** it to Raya.

무언가를 결심한 표정의 나마리. 목걸이를 빼더니 라야에게 건넨다.

YOUNG NAMAARI Here.

어린 나마리 여기.

YOUNG RAYA | Whoa. Really?

어린 라야 와. 정말 주는 거야?

YOUNG NAMAARI From one dragon nerd **to** another.

어린 나마리 드래곤 덕후가 다른 덕후에게 주는 거야.

Raya looks at the **pendant** and back at Namaari, gets an idea.

라야가 목걸이 장식을 보다가 다시 나마리를 바라본다. 그리고 어떤 생각이 떠올랐다.

YOUNG RAYA | Hey. Come with me, **dep la**. I wanna show you something.

어린 라야 같이 가자, 친구. 보여줄 게 있어.

The girls stand to leave. Tuk Tuk **takes a bite** of food, then follows Raya.

소녀들이 일어서서 나간다. 툭툭이 음식을 한 입 베어 물고 라야를 따라간다.

---

crawl 기어가다
imagine 상상하다
take off 벗다
hand 건네주다
from ~ to … ~에서 …까지(에게)
pendant 목걸이에 걸려 있는 보석 등의 장식물
dep la (최고의) 친구 (쿠만드라 가상의 언어)
take a bike 한입 물다

Namaari's Betrayal

나마리의 배신

🎧 06.mp3

INT. DRAGON TEMPLE – NIGHT
Young Raya and Namaari enter the inner chamber. Tuk Tuk waits by the entrance, watching them.

실내. 드래곤 신전 – 밤
어린 라야와 나마리가 내부 공간으로 들어온다. 툭툭은 그들을 바라보며 입구에서 기다린다.

YOUNG NAMAARI (sees the gem, **in awe**) The **spirit** of Sisu. I can feel it.

어린 나마리 (젬을 보고 감탄하며) 시수의 정령이구나. 느낄 수 있어.

Raya smiles, happy she has a pal to share this with.

라야가 미소 짓는다. 이것을 함께 나눌 수 있는 친구가 생겨서 기쁘다.

YOUNG RAYA   It's the last bit of dragon magic left in the whole world.

어린 라야 이 세상에 마지막으로 남은 드래곤 마법의 일부야.

YOUNG NAMAARI I see why Heart guards it so closely. Thank you, dep la. You've been very **helpful**.

어린 나마리 심장 부족이 왜 이걸 열심히 지키려고 하는지 알겠어. 고마워, 친구. 큰 도움이 됐어.

Namaari suddenly **strikes** Raya, sending her to the ground. She looks on in shock at Namaari.

나마리가 갑자기 라야를 공격하고, 그녀가 바닥에 쓰러진다. 라야는 충격을 받은 표정으로 나마리를 바라본다.

바로 이장면!*

YOUNG NAMAARI In a different world, maybe we coulda been friends. But I have to do what's right for Fang.

어린 나마리 다른 세상에 만났더라면, 우리가 친구가 되었을 수도 있었겠지. 하지만 난 송곳니의 땅에 옳은 일을 해야 해.

Namaari goes for the Gem, but Raya leaps in front of her. They start fighting. Seeing that Raya's in trouble, Tuk Tuk rolls in to help. He **bumps into** Namaari's ankle, but she **scoots** him **away**. Tuk Tuk shakes it off, angry. This **distracts** Namaari just long enough for Raya to strike, knocking her to the ground. However, Namaari isn't worried at all. Instead she smiles and shoots a **firework** up **through** the temple **opening**.

나마리가 젬을 향해 다가가는데 라야가 뛰어들어 그녀의 앞을 막는다. 그들이 싸우기 시작한다. 라야가 위험에 처한 것을 보고 툭툭이 도와주려고 몸을 굴린다. 툭툭이 나마리의 발목에 부딪히는데 나마리는 그를 툭 하고 밀어 버린다. 툭툭이 정신을 차리고 화를 낸다. 나마리가 집중하지 못하는 사이에 라야가 공격하고 그녀를 바닥에 쓰러뜨린다. 그러나 나마리는 전혀 걱정하지 않는 듯. 오히려 씩 웃더니 신전의 천장이 뚫어진 곳으로 폭죽을 쏘아 올린다.

betrayed 배신당한 (betrayal 배신)
in awe 경외하며, 놀라며
spirit 영혼
helpful 도움이 되는
strike 때리다
bump into ~에 부딪히다
scoot away 밀어 버리다
distract 집중을 방해하다

firework 폭죽
through ~을 통해
opening 열린 공간, 구멍

INT. PALACE – NIGHT
Benja is speaking to VIRANA, the Fang Queen.

BENJA　　　Chief Virana, I'm so glad Fang accepted our **invitation**.

The firework **explodes** in the night sky. Everyone looks up. The **congregation** of Fang **immediately** begins moving out towards the Gem temple. Benja looks back to the Fang Queen to discover... she leaves.

INT. DRAGON TEMPLE – NIGHT
As Namaari and Raya continue to fight...

YOUNG RAYA　There is no way you're taking Sisu's Gem.

Namaari steps away from Raya towards the chamber doors.

YOUNG NAMAARI　Sorry. It's Fang's now.

Suddenly, the room **fills up with** Fang soldiers. Raya steps back, she's the only thing between Fang and the gem. Raya bravely **squares up against** the Fang forces, until – SWOOSH!!! Benja **rappels** into the room from above and quickly **dispatches** a dozen different **adversaries**. His sword turns into a cool **grappling whip** which he uses to drive everyone back.

BENJA　　　You will not set foot on the Dragon Gem's inner circle.

A smile crosses Raya's face. Her dad is **indeed** the baddest blade in all of Kumandra. But then...

FEMALE SPINE WARRIOR　(O.S.) What's going on?

SPINE CHIEF　(O.S.) What is this?

실내. 궁궐 – 밤
벤자가 송곳니의 땅 족장인 비라나와 이야기를 나누고 있다.

벤자 비라나 족장님. 송곳니 부족이 초대에 응해주셔서 너무 기쁩니다.

밤하늘에 폭죽이 터진다. 모두 이 광경을 바라본다. 송곳니의 땅 사람들이 젬이 있는 신전으로 황급히 이동하기 시작한다. 벤자가 송곳니의 땅 족장에게 고개를 돌리는데… 그녀는 떠나간다.

실내. 드래곤 신전 – 밤
나마리와 라야가 싸움을 계속하고 있다…

어린 라야 절대로 시수의 젬을 가지고 갈 수 없어.

나마리가 라야에게서 떨어지더니 방의 출구 쪽으로 향한다.

어린 나마리 미안. 그건 이제 송곳니의 땅 꺼야.

갑자기 방 안으로 송곳니의 땅 군사들이 몰려 들어온다. 라야가 살짝 뒤로 물러선다. 지금 자신만이 송곳니 부족으로부터 젬을 지킬 수 있다. 라야는 용감하게 송곳니의 땅 군사들에게 맞서려고 한다. 이때 – 슉삔 하고 벤자가 위에서 라펠 하강하듯 내려와 날렵하게 수많은 적들을 물리친다. 그의 검이 아주 멋진 갈고리 채찍으로 변하는데 벤자가 이것을 휘두르자 모든 이들이 물러난다.

벤자 드래곤 젬이 있는 곳에는 한 발짝도 들여놓을 수 없다.

라야의 얼굴에 미소가 번진다. 진짜로 그녀의 아빠는 쿠만드라에서 가장 무서운 검객이다. 하지만 그때…

척추의 땅 여전사 (화면 밖) 무슨 일이죠?

척추의 땅 족장 (화면 밖) 이건 도대체 뭐요?

---

invitation 초대
explode 폭발하다
congregation 군중, 무리
immediately 즉시
fill up with ~로 채워지다
square up against ~에 맞서다
rappel 하강하다, 라펠하다
dispatch 신속히 해치우다, 파견하다

adversary 적
grappling 갈고리 같은
whip 채찍
indeed 실로, 참으로

The other armies from Tail, Talon, and Spine begin to **shuffle into** the room. Suddenly they all stop and see the gem for the first time. They're in awe.

FEMALE SPINE WARRIOR Fang's **making a play** for the Gem!

SPINE CHIEF No! Spine should have the gem!

TAIL CHIEF (O.S.) **Not if we get to it first!**❶

꼬리, 발톱, 척추의 땅 군사들이 방으로 몰려들기 시작한다. 그들 모두 행동을 멈추고 난생처음으로 젬을 바라본다. 모두 놀라운 표정이다.

척추의 땅 여전사 송곳니의 땅에서 젬을 차지하려고 음모를 꾸몄어!

척추의 땅 족장 안 돼! 척추의 땅이 젬을 가져야 해!

꼬리의 땅 족장 (화면 밖) 우리가 먼저 차지하면 그럴 수 없을걸!

MALE WARRIOR (O.S.) Our blades say different.

남전사 (화면 밖) 우리의 칼날은 다르게 말하고 있지.

Everyone pulls out their weapons. This is going to be a **blood bath**. Benja sees Raya in the **reflection** of his sword as she raises her fists to help **defend** the Gem. He makes a decision.

모두가 무기를 꺼내 든다. 곧 피바다가 될 것 같다. 벤자가 자신의 검에 비친 라야의 모습을 바라본다. 라야는 젬을 지키기 위해 주먹을 올리고 있다. 그가 결심한다.

BENJA Listen to me!

벤자 내 말 들으시오!

Everyone has their weapons raised -

모두들 무기를 들고 있다 -

BENJA We have a choice. We can **tear** each other **apart**, or we can come together and build a better world. It's not too late. I still believe we can be Kumandra again...

벤자 우린 선택할 수 있소. 우리는 서로 헐뜯으며 갈라질 수도 있지만, 함께 더 나은 세상을 만들 수도 있지요. 늦지 않았소. 난 우리가 다시 쿠만드라가 될 수 있다고 믿습니다…

Benja **sheathes** his sword. Did it work? Suddenly, an arrow strikes Benja in the leg. As he sinks, everyone **rushes in**.

벤자가 검을 칼집에 넣는다. 이게 효과가 있을까? 갑자기 화살이 날아와 벤자의 다리에 꽂힌다. 그가 주저앉자 모두들 달려든다.

YOUNG RAYA Ba!

어린 라야 바!

Raya runs to Benja's side as... Hands grabs onto the gem, it gets tossed around until - KRSHH! The Gem crashes to the around, breaking into five pieces.

라야가 벤자 옆으로 달려가는 그때… 많은 손들이 젬을 잡으려고 한다. 젬은 이리저리 움직이다가 결국 - 쨍그랑! 젬이 바닥으로 떨어져서 다섯 조각으로 깨져 버린다.

BENJA No, no.

벤자 안 돼, 안 돼.

---

shuffle into ~로 황급히 들어가다

make a play 음모를 꾸미다

blood bath 피바다

reflection 반사

defend 방어하다, 지키다

tear apart 서로 물어뜯게 만들다 (분열시키다)

sheathe 칼집에 넣다

rush in 달려들다

❶ **Not if we get to it first!**
우리가 먼저 차지하면 그럴 수 없을걸!
〈Not if 주어 + 동사〉는 '~하면 안 될걸,
~하면 안 돼' 이란 뜻으로 상대에게 조건을
내걸고 어떤 일을 할 수 없다고 말할 때 쓰는
표현이에요.

But before anyone can react - BOOM! The ground shakes, the water in the chamber **recedes**, the floor opens up. From the broken Earth, A DRUUN **emerges**.

사람들이 반응도 하기 전에 – 붐! 땅이 흔들리고 방에 있던 물이 사라지더니 바닥이 갈라진다. 갈라진 땅에서 드룬이 나타난다.

BENJA　　Druun...

벤자 드룬...

The ARCHER shoots an arrow at the creature, but it goes right through the Druun, leaving him **unscathed**. The Druun immediately turns the archer to stone, then **duplicates**. The Druun turns toward Benja and Raya. Benja quickly rushes to grab one of the gem pieces and holds it up... **repelling** the Druun back **momentarily**.

궁수가 그 생명체를 향해 활을 쏘지만, 드룬을 정통으로 관통할 뿐이다. 드룬은 아무 피해도 없이 멀쩡하다. 드룬이 곧바로 궁수를 돌로 만들어 버리고 자기 증식을 한다. 드룬이 벤자와 라야 쪽으로 접근한다. 벤자가 깨진 젬 조각을 황급히 집어서 치켜들자 드룬이 순간적으로 뒤로 물러난다.

DANG HAI　There's still magic in them!

댕 하이 저 안에 여전히 마법이 남아 있어!

SPINE CHIEF Get the pieces!

척추의 땅 족장 조각을 가져와!

There's a mad **scramble** as the other four gem pieces get **snatched up**.

다른 네 개의 젬 조각을 차지하기 위해서 미친 듯 몸싸움이 벌어진다.

YOUNG RAYA No!

어린 라야 안 돼요!

Raya grabs her father, pulling him out of the **fray**.

라야가 아빠를 붙잡고 혼란한 상황에서 그를 끌어낸다.

YOUNG RAYA (runs up) Ba! Come on! We have to go!

어린 라야 (황급히 뛰어가며) 바! 어서요! 가야 해요!

A Druun **pursues after** them, but touches water and **recoils**!

드룬이 그들을 쫓아가다가 물에 닿자 움찔한다!

BENJA　　(realizing) They're repelled by water. Hurry! Get to the river!

벤자 (이 사실을 알고) 저들은 물을 싫어해. 서둘러 강으로 가자!

EXT. HEART BRIDGE – NIGHT
Heart is **plunged into chaos** with people **fleeing**. Raya escapes with Benja and Tuk Tuk over the bridge. But it's slow going – Benja is badly hurt and they're constantly **shoved** aside by others trying to save themselves. Benja's leg **gives out** from under him and he falls.

실외. 심장의 땅 다리 – 밤
심장의 땅은 도망치는 사람들로 크게 혼란스러운 상황이다. 라야가 벤자와 툭툭과 함께 다리 위로 도망치고 있다. 하지만 빨리 갈 수 없다 – 벤자가 크게 다쳤고 목숨을 구하려는 사람들에게 계속 이리저리 치이고 있기 때문이다. 벤자는 다리를 제대로 움직일 수 없다. 그가 쓰러진다.

YOUNG RAYA Ba! Get up! Come on. Please, we have to keep moving. Get up.

어린 라야 바! 일어나요! 빨리요. 제발, 계속 가야 해요. 일어나요.

---

recede 물러나다, 약해지다

emerge 나타나다

unscathed 피해를 입지 않은

duplicate 복제하다

repel 물리치다

momentarily 잠깐, 곧

scramble 엉망진창

snatch up 낚아채다

fray 싸움

pursue after 추격하다, ~을 쫓다

recoil 움츠리다

plunge into ~에 뛰어들다, 돌입하다

chaos 혼돈, 혼란

flee 도망가다

shove 밀치다

give out 힘이 빠지다

He looks ahead, the distance is too far for him to go. The bridge SHAKES again. Benja sees a Druun **approaching**.

YOUNG RAYA Please, ba! We don't have time. Look. Stand up! I'll help you.

BENJA Raya, you have to listen. You are the Guardian of the Dragon Gem.

YOUNG RAYA Ba, why are you saying this?

Benja pulls out the broken gem **shard**.

BENJA There's still light in this. There's still hope.

YOUNG RAYA No, **we can make it together.**❶ You're okay...

BENJA (hands her the gem) Raya, don't give up on them.

He pulls her in close, then kisses her on the **forehead**.

BENJA I love you, my dewdrop.

YOUNG RAYA Ba?

Benja pushes Raya off the bridge into the water just as...

YOUNG RAYA NO!

... a druun **passes through** her father, turning him to stone... As the **current** carries her away, Raya watches her father's unmoving **silhouette** on the bridge.

YOUNG RAYA ... Ba!

그가 앞을 바라본다. 그가 움직이기에는 너무 먼 거리다. 다리가 다시 흔들린다. 벤자는 드룬이 다가오는 것을 목격한다.

어린 라야 제발, 바! 시간이 없어요. 보세요. 일어나요! 제가 도와 드릴게요.

벤자 라야, 잘 들어. 넌 드래곤 젬의 수호자란다.

어린 라야 바, 왜 그런 말씀을 하세요?

벤자가 깨진 젬 조각을 꺼낸다.

벤자 여기에 여전히 빛이 남아 있어. 아직 희망이 있단다.

어린 라야 안 돼요. 우린 함께 해낼 수 있어요. 괜찮으실 거예요…

벤자 (그녀에게 젬을 건네며) 라야, 그들을 포기하지 마.

그녀를 꼭 끌어안고 이마에 뽀뽀한다.

벤자 사랑한다, 내 딸.

어린 라야 바?

벤자가 라야를 다리에서 밀어서 강으로 빠뜨리자…

어린 라야 안 돼요!

… 드룬이 아빠를 덮치고 지나가자 그는 돌로 변한다… 강물에 떠내려가는 라야, 다리 위에서 움직이지 않는 아빠의 형체를 바라본다.

어린 라야 … 바!

approach 접근하다
shard 조각, 파편
forehead 이마
pass through 통과하다
current 급류
silhouette 실루엣, 외형

❶ **We can make it together.**
우린 함께 해낼 수 있어요.
make it은 '어려움을 이겨내고 어떤 일을 해내다'는 뜻이에요. 특히, 이 대사는 상대방에게 어떤 일을 함께하자고 의욕적으로 말할 때 쓰는 말이에요. '넌 할 수 있어'라며 상대방을 격려하고 싶다면 You can make it! 이라고 말해 주세요.

33

The Last Hope
마지막 희망

🎧 07.mp3

Chyron: TAIL – SIX YEARS LATER

EXT. TAIL DESERT – DAY
A LONE RIDER on a LARGE WHEEL tears across the desert. On her **saddlebag** is BENJA'S SWORD. Suddenly she spots something on the smoky horizon, the silhouette of three different people. She draws her sword. As they near, she discovers... It's only a few people who've been turned to stone. She relaxes.

EXT. TAIL OUTSKIRTS – DAY
The lone rider comes to a stop. She looks down, knocks on Tuk Tuk's shell – He unfurls as... She pulls her mask down - it's Raya. Revealing the canyon below. The river she's been following is now a **trickle** leading into a **shipwreck**. Raya takes out the ANCIENT SCROLL, comparing what she's sees to what's on it.

RAYA　　　(sigh) **Please let this be it.**❶

She begins to **drift** out of frame.

RAYA　　　Whoa, what are you doing you big, fur bug? Hey buddy - focus. Eyes forward, Tuk Tuk.

Tuk Tuk turns back to the cliffside.

RAYA　　　Good boy! You're so easily distracted.

Just then, a DRUUN attacks! Raya and Tuk Tuk fall back. Raya **scrambles** for her **satchel**. Just as the Druun closes in, Raya pulls out her gem shard and holds it up, scaring the Druun off. She turns around to find Tuk Tuk **immobile** on his back, looking at her helplessly.

자막: 꼬리의 땅 – 6년 뒤

실외. 꼬리의 땅 사막 – 낮
고독한 방랑자가 커다란 바퀴 모양의 물체를 타고 사막을 가로질러 달리고 있다. 그녀의 안장 가방 안에 벤자의 검이 보인다. 불현듯 그녀는 연기가 자욱한 지평선 위에 무언가를 발견한다. 세 사람의 형체. 그녀가 칼을 뽑는다. 점점 가까워지며 그녀가 발견한 것은… 돌로 변한 사람들이다. 그녀가 긴장을 푼다.

실외. 꼬리의 땅 외곽 – 낮
고독한 방랑자가 멈춰 선다. 그녀가 아래를 내려다보며 툭툭의 껍질을 두드리자 – 그가 몸을 펼치고… 그녀가 복면을 내리는데 – 라야다. 저 아래에 협곡이 보인다. 그녀가 따라가던 강물은 이제 졸졸 흐르는 도랑이 되어 난파선으로 이어진다. 라야가 고대 두루마리를 꺼내어 눈에 보이는 풍경과 두루마리에 있는 것을 비교한다.

라야　(한숨을 쉬며) 제발 여기가 맞아야 할 텐데.

그녀가 화면 밖으로 천천히 이동한다.

라야　어, 뭐 하는 거야. 이 털북숭이 벌레야? 이봐, 친구 – 집중해. 앞을 보라고. 툭툭.

툭툭이 절벽 쪽으로 다시 방향을 돌린다.

라야　잘했어! 넌 너무 쉽게 산만해진다고.

바로 그때 드룬이 공격한다! 라야와 툭툭이 뒤로 쓰러진다. 라야가 가방 안을 뒤진다. 드룬이 가까이 접근하는데 라야가 젬 조각을 꺼내 치켜들자 겁을 먹고 도망간다. 그녀가 돌아보니 툭툭이 뒤집어져서 움직이지 못한다. 툭툭이 그녀를 맥없이 바라본다.

---

chyron 자막
saddlebag 말 안장 가방
trickle 작은 물줄기
shipwreck 난파선
drift 천천히 이동하다
scramble 뒤지다
satchel 가방
immobile 움직일 수 없는

❶ **Please let this be it.**
제발 여기가 맞아야 할 텐데.
Please let this be it.은 지금 눈앞에 놓인 것이 자신이 생각했던 것이기를 소망하며 하는 말이에요. 지금 라야의 심경처럼 간절함을 느낄 수 있는 표현이랍니다.

36

RAYA	(**flipping** him back over) You're getting a little too big for this, **bud**.	라야 (그를 뒤집어 주며) 이렇게 해 주기에는 네가 너무 커졌어, 친구.

EXT. DRIED UP OCEAN **BASIN** – DAY
Raya and Tuk Tuk follow the river, which has now gone down to a small trickle. It flows into an old **wrecked** ship, **surrounded by** old whale bones, trash, etc.

실외, 말라 버린 바다 바닥 – 낮
라야와 툭툭이 강을 따라간다. 이제 강은 작은 물줄기 정도로 말라 있다. 물줄기가 낡은 난파선으로 흘러가는데, 배 주변으로 오래된 고래 뼈와 쓰레기 같은 것들이 보인다.

바로 이장면!*

RAYA	(to Tuk Tuk) Six years of searching and we end up at a **literal** shipwreck. That's not a bad sign, is it?	라야 (툭툭에게) 6년 동안 찾아다녔는데 진짜로 난파선을 만나게 되다니. 나쁜 징조는 아니야, 그렇지?

Raya approaches the wreck and enters it. Tuk Tuk tries to follow but can't fit into the **opening**.

라야가 난파선으로 접근하더니 그 안으로 들어간다. 툭툭이 따라 들어가려고 하는데 구멍이 작아서 들어갈 수가 없다.

Tuk Tuk	Hrmph.	**툭툭** 흠.

INT. SHIP WRECKAGE – DAY
Raya enters the **derelict** ship. She follows the tiny trickle on the ground. The trickle leads her to a **sheer** wall of loose rock and **debris** where the water-stream disappears into a hole underneath it. There's no way for Raya to get to the other side. Raya **rummages** around her satchel, pulls out bowls. She places it on the ground and prepares small ceremony. She holds the dragon pendant in her hands.

실내, 난파선 – 낮
라야가 버려진 배 안으로 들어간다. 그녀는 바닥에 있는 작은 물줄기를 따라간다. 물줄기가 돌 조각과 잔해물이 헐겁게 붙어 있는 가파른 벽 쪽으로 그녀를 인도하는데 물줄기가 그 아래 구멍으로 흘러 들어간다. 라야가 다른 쪽으로 갈 수 있는 방법은 없다. 라야가 가방을 뒤져 그릇들을 꺼낸다. 그것들을 바닥에 놓고, 작은 의식을 준비한다. 손에는 드래곤 목걸이 장식을 들고 있다.

RAYA	Sisudatu... I don't know if you're listening. I've searched every river to find you. And now I'm here at the very last one. Look, there's not a lot of us left and we really... we really need your help. If I can be honest, I really need your help. I made a mistake. I trusted someone I shouldn't have. And now the world's broken. (beat) Sisudatu, I just really... really want my ba back. Please.	라야 시수다투··· 제 말씀을 듣고 있는지 모르겠지만, 당신을 만나기 위해 모든 강을 찾아다녔어요. 이제 마지막 강에 오게 되었네요. 남아 있는 사람은 많지 않아요. 그리고 우리는··· 우리는 정말로 당신의 도움이 필요해요. 솔직히 말씀드리면, 제가 당신의 도움이 절실히 필요해요. 제가 실수를 저질렀어요. 믿지 말았어야 했던 사람을 믿었거든요. 그래서 이 세상이 갈라지게 되었죠. (정적) 시수다투, 전 정말··· 정말로 바를 되찾고 싶어요. 제발 부탁드려요.

---

flip 뒤집다	sheer 가파른, 깎아지른 듯한
bud 자네 (= buddy 친구)	debris 파편
basin (강의) 유역, 분지	rummage 뒤지다
wrecked 부서진	beat 정적
surrounded by ~에 쌓여, 포위되어	
literal 말 그대로의	
opening 구멍	
derelict 버려진	

RAYA (deep breath) Okay. Here goes everything.

라야 (심호흡하고) 자. 최대한 해보는 거야.

Raya raises a **vial** of water to her head and bows. She pours the water over the pendant in the bowl...

라야가 물병을 그녀의 머리 쪽으로 들어올리고 절을 한다. 그리고 그릇 안에 있는 목걸이 장식 위로 물을 붓는다…

RAYA (**chants** with **reverence**)
Suva de dra sim
Mandra de dra lim
Bavaa de dra Tomben.

라야 (경건하게 기도문을 읊는다)
수바 드 드라 심
만드라 드 드라 림
바바아 드 드라 톰벤.

She pours the last of the water from the bottle, and raises the bottle to her head again. Raya sits in **anticipated silence**, but nothing seems to happen. However, **unbeknownst to** her, the stream behind her begins to flow **backwards**. Water droplets rise out of the stream and **swirl** in the air. Tuk Tuk sees this from the outside entrance, as he drinks from a **puddle**. Tuk Tuk starts "barking" to **get** Raya's **attention**.

그녀가 병에서 마지막 남은 물을 붓고 머리 쪽으로 물병을 다시 들어 올린다. 라야는 침묵을 예상한 듯 가만히 앉아 있다. 아무 일도 일어나지 않는 듯하다. 한데 라야 뒤에 있던 물줄기가 거꾸로 흐르기 시작한다. 그녀는 이 사실을 눈치채지 못한다. 물방울들이 물줄기에서 나와 상승하더니 공중에서 소용돌이친다. 물웅덩이에서 물을 마시던 툭툭이 바깥 출입구에서 이 광경을 본다. 툭툭이 라야의 관심을 끌기 위해 '짖기' 시작한다.

RAYA (to Tuk Tuk) I know, buddy, I haven't forgot –

라야 (툭툭에게) 알아, 친구, 잊지 않았다고 –

Raya now sees the floating water droplets which now are coming together to magically form... SISU!

이제 라야도 공중에 떠다니는 물방울들을 보는데 그것들이 모여 마법처럼 형체가 된다… '시수'이다!

---

vial 물병
chant 기도문을 읊조리다
reverence 존경
anticipated 예상한
silence 침묵
unbeknownst to ~가 모르게
backward 뒤로
swirl 나선형으로 돌다

puddle 물웅덩이
get one's attention ~의 관심을 얻다

Sisu Is Awake
시수가 깨어나다

SISU	(inside a dust cloud) Oh, my. Where am I? Pengu? Amba? Pranee? Are you here?

시수 (자욱한 먼지 속에서) 오, 맙소사. 여기가 어디지? 펭구? 암바? 프라니? 다들 여기에 있는 거야?

Seeing Sisu's silhouette, Raya bows.

시수의 형체를 보고 라야가 절을 한다.

RAYA	(bowing) Oh Mighty Sisu -

라야 (절을 하며) 오 위대한 시수여 -

SISU	Who said that?

시수 거기 누구야?

Sisu turns, her mighty tail swings out and **clobbers** the bowing Raya. Sisu steps out of the dust-cloud. We finally see her in her mighty glory.

시수가 몸을 돌리자 그녀의 거대한 꼬리도 휙 움직이더니 절하는 라야를 친다. 시수는 먼지가 자욱한 곳에서 걸어 나온다. 마침내 전지전능한 모습의 그녀가 화면에 나타난다.

SISU	Hello? Hello?

시수 저기? 저기요?

RAYA	(O.S.) (**muffled**) Mmf-mph!!

라야 (화면 밖) (목소리가 묻혀서) 음-음!

Sisu looks down and finds Raya awkwardly **collapsed** in a **heap** under her, perhaps **tangled up** in her own **cape**.

시수가 내려다보니 라야가 그녀 아래에 이상한 자세로 쓰러져 있다. 망토에 몸이 엉켜 있는 모습이다.

SISU	Ooo, I'm sorry, I didn't see ya there. (picks Raya up) Not too bad. Just a little **dusty. Let me get that for you.**❶

시수 오, 미안해, 네가 거기에 있는지 몰랐어. (라야를 일으켜 주며) 그리 나쁘진 않네. 그냥 먼지가 좀 있을 뿐이야. 내가 해 줄게.

Raya and Sisu finally make **eye-contact**.

라야와 시수가 마침내 눈이 마주친다.

바로 이장면!*

RAYA	(eyes widen) Sisu. You are... Sisu!

라야 (눈이 커지며) 시수. 당신이… 시수군요!

SISU	And you're... people. What's your name?

시수 그리고 넌… 인간이네. 이름이 뭐니?

---

clobber 때리다
muffled 목소리가 묻힌
collapse 쓰러지다
heap 쌓임
tangled (up) 헝클어진, 엉킨
cape 망토
dusty 휑 꼬마 휑 먼지투성이
eye-contact 시선 마주침

❶ **Let me get that for you.**
내가 해 줄게.
'내가 해 줄게.'라는 뜻으로 상대방에게 호의를 베풀면서 하는 말이에요. 위 장면에서는 '내가 먼지 털어 줄게.'라는 의미가 담겼죠. 이 말이 너무 길다면 Let me. 나 Allow me. 라고 짧게 말할 수도 있어요.

RAYA	Raya. I'm Raya.	라야	라야. 저는 라야예요.
SISU	And you're NOT made of stone, which means...	시수	넌 돌이 아니네. 그 말은…

Both women **squeal** in **celebration**!

두 여자가 기뻐하며 소리를 지른다!

SISU/RAYA	It worked!	시수/라야	됐어!
SISU	We did it! Ya hear that, Pengu? It worked! I didn't mess it up! (notices Raya's bag) Is that food? (drops Raya) I was so **focused on** saving the world, I forgot to have breakfast today.	시수	우리가 해냈다고 들었어. 펭구? 됐어! 내가 망치지 않았어! (라야의 가방을 발견하고) 그거 먹을 거니? (라야를 바닥에 떨어뜨리고) 세상을 구하는데 너무 집중하느라 오늘 아침 먹는 걸 깜박했지 뭐야.
RAYA	Today? When exactly do you think "today" is?	라야	오늘이요? '오늘'이 정확히 언제라고 생각하세요?
SISU	Tuesday. (takes bite of food) Ugh! I mean... Mmm. What is this **delightful culinary treat**?	시수	화요일. (음식을 한 입 베어 문다) 의 내 말은… 음. 이렇게 맛있는 음식은 뭐지?
RAYA	It's jackfruit **jerky**. I dried it myself.	라야	잭푸르트 말랭이에요. 제가 직접 말린 거죠.
SISU	Well, **compliments** to the chef. (offers jerky to Tuk Tuk) Wanna finish this, skippy?	시수	음. 요리 솜씨가 훌륭하네. (툭툭에게 말랭이를 주며) 이거 마저 먹을래. 깡충아?

Sisu offers the jerky to Tuk Tuk, but he refuses to eat it.

시수가 툭툭에게 말랭이를 주지만, 그는 먹는 것을 거부한다.

RAYA	Uh, Sisu, **there are a few things I need to catch you up on...**❶	라야	어, 시수, 제가 몇 가지 말씀드릴 게 있는데…
SISU	Oh yeah?	시수	오 그래?

---

squeal 소리를 지르다

celebration 기쁨, 축하

focus on ~에 집중하다

delightful 좋은

culinary 요리의

treat 음식, 간식

jerky 말린 음식

compliment 칭찬, 찬사

❶ **There are a few things I need to catch you up on...**
제가 몇 가지 말씀드릴 게 있는데…
catch up은 주로 '따라잡다'라는 뜻으로 쓰는 표현이에요. 이 대사는 시수가 500년 동안 잠든 사이에 벌어진 일을 '따라잡을' 수 있도록 알려 주겠다는 의미가 있어요.

We've Got to Find the Broken Gem Pieces

우리는 깨진 젬 조각들을 찾아야 해요

🎧 09.mp3

EXT. THE BOAT – CONTINUOUS
Sisu reaction.

실외, 배 – 계속
시수가 반응한다.

SISU (O.S.) You broke it!?!

시수 (화면 밖) 네가 그걸 깨버렸다고!?!

INT. THE BOAT – CONTINUOUS

실내, 배 – 계속

SISU Oh, oh, oh my. Oh, this is bad. This is bad. I've been **asleep** for 500 years, you **brought back** the druun, and none of my brothers and sisters came back? Why didn't they come back?

시수 오, 오, 맙소사. 최악이야. 정말 최악이라고. 내가 500년 동안이나 잠을 잤고, 네가 드룬을 부활시켰으며, 우리 형제자매은 아무도 돌아오지 않았다고? 왜 그들이 돌아오지 않은 거지?

RAYA I... don't know.

라야 나도… 몰라요.

SISU Also you broke the gem...

시수 그리고 네가 젬도 깨뜨렸고…

RAYA I still have a big **chunk** of it **though**.

라야 그래도 큰 조각 하나는 제가 가지고 있어요.

SISU Is that supposed to make me feel better? If you lost a **puppy** and I said "Well we still have a big chunk of it," would that make you feel better?

시수 그래서 내가 기쁜 척이라도 해야 되니? 네가 강아지를 잃어버렸는데 내가 '그래도 큰 덩어리는 남아 있잖아'라고 하면 네 기분이 좋아지겠어?

RAYA Can't you just make another one?

라야 또 하나 더 만드실 수는 없나요?

SISU No, I can't just make another one.

시수 아니, 그냥 뚝딱 하나 만들 수는 없다고.

RAYA But you're a dragon.

라야 하지만 당신은 드래곤이잖아요.

SISU **I'm gonna be real with you, alright?**❶ I'm not like the best dragon. You know?

시수 내가 솔직히 말할게, 알았지? 난 최고의 드래곤이 아니야, 알겠어?

---

asleep 잠을 자는
bring back 돌려주다, 다시 가져주다
chunk 덩어리
though (비록) ~일지라도, 그렇지만(하지만)
puppy 강아지

❶ **I'm gonna be real with you, alright?**
내가 솔직히 말할게, 알았지?
I'm gonna be real with you.는 '솔직하게 말할게'라는 뜻으로 상대방에게 거짓 없이 진실을 말하겠다고 할 때 쓰는 퓨현이에요. I'm gonna be honest with you.라고 해도 같은 뜻이에요.

41

바로 이 장면!*

RAYA	But you saved the world.	라야	하지만 당신이 세상을 구했잖아요.

SISU	**I did do that.** That's true. But... have you ever done like a group project, but there's like that one kid who didn't **pitch in** as much but still ended up with the same **grade**? Yeah... I wasn't the one who actually made the gem, I just... **turned it in**.	시수	물론 그랬지. 사실이야. 하지만⋯ 너 조별 과제 같은 거 해 본 적 있지. 그런데 남들만큼 열심히 하지 않았는데 점수는 똑같이 받는 그런 애들 있잖아? 그래⋯ 실제로 젬을 만든 건 내가 아니야. 난 그냥⋯ 전달만 했을 뿐이지.

Sisu picks up the gem shard and immediately starts glowing.

시수가 젬 조각을 집어 들자 그녀에게서 빛이 난다.

RAYA	Whoa, you're **glowing**.	라야	와, 당신에게서 빛이 나요.

SISU	Oh, thank you, I use aloe and river **slime** to **maintain** my—	시수	오, 고마워. 알로에와 강에 있는 점액 같은 거로 관리를 좀—

RAYA	No, no— look.	라야	아니, 아니요— 봐요.

Sisu looks at herself.

시수가 자신의 모습을 바라본다.

SISU	This was my little sister Amba's magic. I got the glow!	시수	이건 내 여동생 암바의 마법이야. 내가 빛이 나네!

RAYA	Your little sister's magic?	라야	여동생의 마법이라고요?

SISU	Yeah, every dragon has an **unique** magic.	시수	그래. 드래곤은 자기만의 마법이 있어.

RAYA	Okay, what's yours?	라야	알았어요. 그럼 당신의 마법은 뭐예요?

SISU	I'm a really strong swimmer!	시수	난 수영을 정말 잘해!

RAYA	(processing) Wait wait, you touched this gem piece and it gave you powers. You know what this means, right?	라야	(곰곰이 생각하며) 잠깐만요, 당신이 이 젬 조각을 건드리자 당신에게 능력이 생겼잖아요. 이게 무슨 뜻인지 아시죠, 그렇죠?

---

pitch in 협력하다
grade 등급, 점수
turn in 전하다, 제출하다
glow 빛을 내다
slime 점액
maintain 유지하다
unique 독특한
process 생각하다

> ❶ **I did do that.**
> 물론 그랬지.
> do가 동시에 두 번 나왔다고 작가의 실수라고 생각하지 마세요. do는 뒤에 나오는 동사의 의미를 강조할 때 쓸 수도 있거든요. 〈I did + 동사〉 패턴은 '내가 정말로 ~했다고'라는 뜻으로 해석하는 게 좋아요.

SISU	I no longer need a nightlight?	시수 내가 밤에 불빛이 필요 없다는 거?

RAYA	What? No, you're still connected to the gem's magic. And that means you can still use it to save the world. If we get all the other gem pieces,	라야 네? 아니요. 당신이 아직도 젬의 마법과 함께한다는 거예요. 그 말은 당신이 그걸 사용해서 세상을 구할 수 있다는 거죠. 우리가 다른 젬 조각들을 다 모아서.
RAYA	You can **reassemble** it and –	라야 당신이 그걸 다시 결합시키고 –
SISU	I can reassemble it and –	시수 내가 그걸 다시 결합시키고 –
SISU/RAYA	Boom the druun away!	시수/라야 붐! 하고 드룬을 날려 버리는 거야!
RAYA	And bring my ba back?	라야 그리고 우리 바도 되돌리고요?
SISU	And bring ALL of Kumandra back.	시수 그리고 쿠만드라를 모두 되살리는 거지.

EXT. TAIL DESERT – DAY
An army of Serlots (oversized battle cats) **charge through** with soldiers from Fang riding them. Once the dust **settles**, a single Serlot returns into frame. A hand reaches down to pick up a shiny object in the sand - Raya's hairpin. Teenage NAMAARI (taller, stronger, angrier). She is with four other Fang Soldiers.

실외 꼬리의 땅 사막 – 낮
셀롯 (덩치가 아주 큰 전투 고양이) 부대가 송곳니의 땅 전사들을 등에 태우고 맹렬하게 질주한다. 먼지가 가라앉으면서 셀롯 한 마리가 화면으로 다시 들어온다. 손 하나가 아래로 내려가더니 모래에 있는 반짝이는 물건을 집어 든다. 바로 라야의 머리핀(핀)이다. 청소년이 된 나마리가 보인다 (키가 더 크고, 더 힘이 세고, 성질도 있어 보인다). 송곳니의 땅 전사 네 명과 함께 있다.

WAHN	Princess Namaari, the Tail-lands are **infested** with Druun. **Benja's daughter is as good as stone out here.** ❶ Retrieving some useless dragon scroll isn't **worth the risk**.	완 나마리 공주님. 꼬리의 땅에는 지금 드룬들로 늘끓고 있습니다. 벤자의 딸은 여기서 돌이 된 것과 다름없습니다. 쓸모도 없는 드래곤 두루마리를 찾으려고 목숨을 내놓을 필요는 없습니다.

Namaari drops Wahn with a **leg sweep**.

나마리가 다리를 걸어 완을 쓰러뜨린다.

NAMAARI	Anyone else want to question why we're out here?	나마리 우리가 여기에 있는 이유에 대해 또 의심하는 자가 있나?

Assembled group is speechless. The Serlot army charges forward, following Tuk Tuk's tracks to the wrecked ship. It looks like Raya is gonna get caught, however... In the background, the silhouette of Raya and Sisu ride away on Tuk Tuk **in the distance**.

함께 모여 있는 전사들은 잠자코 있을 뿐이다. 난파선까지 이어진 툭툭의 흔적을 따라서 셀롯 부대가 맹렬히 앞으로 질주한다. 라야가 잡힐 것 같다. 하지만… 저 멀리 툭툭을 타고 가는 라야와 시수의 형체가 보인다.

---

reassemble 다시 조립하다

charge through 맹렬히 질주하다

settle 가라앉다

infest 들끓다

retrieve 회수하다

worth the risk 위험을 무릅쓸 가치가 있다

leg sweep 다리 걸기

in the distance 멀리

❶ **Benja's daughter is as good as stone out here.**
벤자의 딸은 여기서 돌이 된 것과 다름없습니다.
as good as ~는 almost나 nearly처럼 '거의 ~와 다름없는'이란 뜻이에요. good이 쓰였다고 해서 '좋은' 상황에서만 쓰는 게 아니에요.

DISNEY
RAYA
AND
THE LAST DRAGON

The Tail Chief's Gem

꼬리 족장의 젬

🎧 10.mp3

EXT. TAIL **RUINS** – DAY	실외. 꼬리의 땅 유적 – 낮
RAYA Okay, so here's the **sitch** –	라야 자, 지금 상황은 이래요 –
THE KUMANDRAN MAP **SLAMS** ONTO SCREEN.	쿠만드라의 지도가 화면에 임팩트 있게 나타난다.
RAYA (V.O.) After the gem broke, each piece was taken by one of the **chiefs** of the five lands. Fang –	라야 (목소리) 젬이 깨지고 다섯 개 영토 족장들이 각자 조각 한 개씩 가져갔어요. 송곳니 –
A **SPLITSCREEN** SHOWING THE FANG CHIEF HOLDING A GEM **SHARD** slams onto the **far-left** of the screen.	젬 조각을 들고 있는 송곳니의 땅 족장이 맨 왼쪽 분할 화면에 나온다.
RAYA Heart –	라야 심장 –
ANOTHER SPLITSCREEN SHOWING RAYA HOLDING A SHARD slams in next.	젬 조각을 들고 있는 라야가 다음 분할 화면으로 등장한다.
RAYA Spine –	라야 척추 –
ANOTHER SPLITSCREEN SHOWING THE SPINE CHIEF WITH A GEM PIECE.	바로 옆 분할 화면에 젬 조각을 쥐고 있는 척추의 땅 족장이 나온다.
RAYA Talon –	라야 발톱 –
A SPLITSCREEN SHOWING DANG HAI WITH A GEM SHARD.	옆 분할 화면에 젬 조각을 가진 댕 하이가 보인다.
RAYA – and Tail...	라야 – 그리고 꼬리…
A FINAL SPITSCREEN SHOWING THE TAIL CHIEF WITH A GEM SHARD. BACK TO REALITY.	마지막 분할 화면에 젬 조각을 움켜쥐고 있는 꼬리의 땅 족장의 모습이 보인다. 다시 현실로 돌아와서.

---

ruins 유적, 폐허

sitch 상황

slam 세게(쾅) 놓다, 던지다

chief 족장

split screen 분할 스크린 (화면을 분할하여 두 가지 이상의 화상을 동시에 보여 주는 방법)

shard 조각

far-left 제일 왼쪽

RAYA … where we are now.

라아 … 지금 우리가 있는 곳이죠.

Raya stands in front of an **impressive structure** that's now the Tail Chief's home.

라아가 인상적인 느낌의 구조물 앞에 서 있다. 이 곳은 지금 꼬리의 땅 족장의 거처이다.

SISU Wow, so many questions. First one - Why am I wearing this?

시수 와, 물어볼 게 너무 많아. 첫 번째로 – 왜 내가 이걸 입고 있는 거지?

Pull back to reveal Sisu dressed exactly like Raya.

라야처럼 옷을 입은 시수의 모습이 보인다.

RAYA Well, we don't want to **attract attention**.

라아 음, 관심을 끌고 싶지 않잖아요.

바로 이장면!*

SISU (looks at the hat) Oh, you **definitely** chose the right hat for that. (walks forward) So what makes you think the Tail Chief's here?

시수 (모자를 보며) 오, 그럴 목적이라면 모자 하 나는 잘 골랐네. (앞으로 걸어가며) 근데 꼬리의 땅 족장이 왜 여기에 있다고 생각하는 거야?

Sisu hits a **trip wire**, a **spiky** tree trunk falls in her direction. Raya dives, pushes Sisu out of the way as the tree trunk **crashes down** where she once stood.

시수가 덫으로 쳐 놓은 줄을 건드리자 뾰족한 창 이 달린 통나무가 그녀 쪽으로 떨어진다. 라야가 온 몸을 던져 시수를 밀어내고 통나무는 시수가 서 있던 곳에 '쿵' 하고 떨어져 박살이 난다.

RAYA Because this place didn't just **boobytrap** itself.

라아 왜냐면 이곳에 함정이 저절로 생겨난 건 아 닐 테니까요.

They look down hallway and see an **intricate array** of trip-lines.

그들이 통로를 바라보는데 수많은 덫 줄들이 복잡 하게 얽혀있다.

SISU This doesn't **make sense**. None of this would stop a druun.

시수 이건 말이 안 되는 거야. 이렇게 한다고 드 룬을 막을 수는 없어.

RAYA It's not to stop druun. It's to stop people.

라아 드룬을 막으려는 게 아니에요. 사람들을 막 으려는 거죠.

SISU Hmm...

시수 흠…

Raya carefully works her way through it. She looks back at Sisu who quickly and smoothly flies through the **obstacle** course without any problem. Sisu shoots Raya a smile. Raya's blown away by what she's just seen.

라아는 조심스럽게 그곳을 통과한다. 고개를 돌려 시수를 바라보는데 그녀는 별 어려움 없이 신속하 고 부드럽게 날아가듯 장애물을 통과한다. 시수가 라야에게 씩 웃어 보인다. 라야는 방금 눈앞에 벌 어진 일에 놀랍기만 하다.

---

impressive 인상적인
structure 구조물, 건축물
attract attention 관심을 끌다
definitely 확실히
trip wire 덫으로 만든 줄
spiky 뾰족한
crash down 부서지다, 붕괴하다
boobytrap 덫을 놓다, 부비트랩

intricate 복잡한
array 배열
make sense 말이 되다
obstacle 장애물

SISU	What? Why are you looking at me like that?	시수 뭐? 왜 날 그렇게 보는 거지?
RAYA	Uh... nothing. Just not used to seeing dragons.	라야 어… 아무것도 아니에요. 그냥 드래곤을 보는 게 익숙하지 않아서요
SISU	Impressed, huh? Wait till you see my **backstroke. I'm wicked when I hit that liquid.**[①] I got water-skills that kill. I **slaughter** when I hit the water. I'm like... really good at swimming. Through rhyme. I was trying to make... that I was a really good swimmer... I'm a good swimmer... Is basically what I'm saying...	시수 감동적이지? 내 배영 실력을 봐야 되는데. 물에 들어가면 난 완전 죽인다니까. 죽여주는 수중 기술을 보유하고 있지. 물에 뛰어드는 순간 다 죽음이야. 난… 정말 수영을 잘해. 라임을 맞춰야 하는데… 내가 수영을 정말 잘해… 선수급이지… 내가 하려는 말은…

RAYA	Okay, we need to keep going.	라야 알았어요. 계속 가야 해요.

Raya and Sisu round another dark corner.

라야와 시수가 어두운 모퉁이를 돈다.

SISU	(loudly, scaring Raya) Oh no!	시수 (큰 목소리로, 라야를 놀라게 하며) 오, 이런!
RAYA	(**concerned**) What? What is it?	라야 (걱정하며) 뭐예요? 무슨 일이죠?
SISU	We forgot to bring a gift for the Tail Chief.	시수 꼬리의 땅 족장에게 줄 선물을 깜빡했잖아.
RAYA	I'm sorry, a gift?	라야 뭐라고요. 선물이요?
SISU	Yeah. A gift says "you can trust me, can I trust you?"	시수 그래. 선물에는 '난 믿을 수 있는 사람이에요. 당신도 믿을 만한 사람인가요?'라는 뜻이 있잖아.

A bug falls on Sisu's nose.

벌레 한 마리가 날아와 시수의 코에 앉는다.

SISU	Aw, hey there little fella! Oh, this **beetle's** got a **booty**!	시수 아. 안녕 꼬마야! 이 딱정벌레는 엉덩이가 이쁘네!
RAYA	Careful! It's a **Toot N Boom**!	라야 조심해요! 그건 뿡 폭탄이에요!
SISU	Why is it called a—	시수 왜 그렇게 부르지–

---

backstroke 배영

wicked 잘하는

slaughter 죽이다, 잘하다

concerned 걱정하며

beetle 딱정벌레

booty 엉덩이

toot 뿡 (경적 소리)

boom 펑 (폭탄 소리)

> ① **I'm wicked when I hit that liquid.**
> 물에 들어가면 난 완전 죽인다니까.
> 시수는 라임이 뭔지 아는 힙(?)한 드래곤이군요. wicked는 원래 '사악한'이란 뜻이지만 '아주 잘하는, 끝내 주는'이란 뜻으로도 쓸 수 있어요. wicked와 라임을 맞추기 위해서 hit the water (물에 들어가다) 대신 hit the liquid라는 말을 쓴 거예요.

Bug farts... Raya tackles Sisu, as it explodes.

SISU   Got it. **Noted. Makes sense.❶**

Raya looks up and sees a hallway full of bugs.

SISU   You have to admit though, these bug booties are kinda cute.

They **inch their way** through.

INT. TAIL RUINS INMOST CHAMBER – MOMENTS LATER
Raya and Sisu enter a chamber. There, they find a floating platform with a **hollowed** out tree at the center. Inside it is a **skeleton** holding a gem shard.

RAYA   I'd say we found the Tail Chief.

SISU   What happened to her?

RAYA   From the looks of it, she was **hoarding** the gem and became a **victim** of her own traps.

SISU   Well, you got to admire her **commitment**.

They look down the missing bridge.

RAYA   Okay, hold on.

Sisu grabs Raya's shoulders. Raya uses her sword to swing them over to the other side, but suddenly they stop mid-swing. Sisu's **hind-legs** haven't left the **ledge**.

SISU   Oh, we were doing a jumpy thing. So sorry. **My bad.❷** I get it now. I'm with it.

Sisu jumps and propels them to the other side. They land on the other side. Sisu reaches for the gem.

벌레가 방귀를 뀐다… 그게 폭발하는 순간 라야가 재빨리 시수를 덮친다.

시수 알겠어. 명심할게. 이제 알겠군.

라야가 고개를 들어 보니 통로가 벌레들로 가득하다.

시수 그래도 인정할 건 해야지, 이 벌레들 엉덩이가 귀엽긴 하잖아.

그들은 아주 천천히 이동한다.

내부. 꼬리의 땅 유적 가장 깊은 곳의 방 – 잠시 후 라야와 시수가 방으로 들어온다. 작고 평평한 땅이 공중에 떠 있는 것처럼 자리하고 있는데 그 중앙에는 속이 텅 빈 나무 한 그루가 서 있다. 그리고 그 속에는 해골이 젬 조각을 들고 있다.

라야 꼬리의 땅 족장을 찾은 것 같네요.

시수 그녀에게 무슨 일이 생긴 거지?

라야 보아하니, 젬을 지키려다가 자기가 만든 함정에 빠진 것 같아요.

시수 음, 그래도 책임감 하나는 칭찬해 줘야겠군.

그들이 사라진 다리를 내려다본다.

라야 자, 꽉 잡아요.

시수가 라야의 어깨를 잡는다. 라야가 검을 활용해서 다른 쪽으로 그네를 타듯 이동하려고 하지만 갑자기 중간에 멈춰 버린다. 시수가 뒷다리를 아직 바위 끝에서 떼지 않고 있다.

시수 오, 점프하려고 했던 거구나. 정말 미안. 내 탓이야. 이제 알겠어. 이해했다고.

시수가 뛰어오르자 두 사람이 힘차게 맞은 편으로 날아간다. 그들은 맞은 편에 착지한다. 시수가 젬을 집으려고 한다.

---

inch one's way 조금씩 움직이다

hollowed 텅 빈

skeleton 해골

hoard 가지고 있다, 비축하다

victim 희생자

commitment 책임감

hind-leg 뒷다리

ledge 절벽에서 튀어나온 바위

❶ **Noted. Makes sense.**
명심할게. 이제 알겠군.
Noted.는 상대방의 말을 중요하게 생각하고 기억하겠다는 의미로 쓰는 표현이에요. Makes sense.는 It makes sense.의 줄임말로 이제야 이해가 된다는 의미예요.

❷ **My bad.** 내 탓이야.
'내 실수야, 내 탓이야'라는 뜻으로 자신의 잘못을 쿨하게 시인하는 말이에요.

RAYA   Sisu? Don't.

라아   시수? 안 돼요

Raya **examines** the booby-trap and does an "Indiana Jones" style **switch off**. The trip wire that runs from the skeleton to several **pit**-doors on the **ceiling**. Raya get the gem safely without **triggering** the traps. It's **tense**.

라아가 덫을 살펴본 뒤 영화 '인디아나 존스'에 나오는 것처럼 (덫을) 다른 물건으로 대체한다. 덫은 해골에서 천장에 있는 출구를 폐쇄하는 문까지 연결되어 있다. 라아는 덫을 작동시키지 않고 무사히 젬을 얻는다. 긴장감이 넘친다.

RAYA   Phew. **Two down, three to go.**❶ (hands Sisu the gem)

라아   휴. 두 개 획득. 이제 세 개 남았어요. (시수에게 젬을 건넨다)

---

examine 조사(검토)하다
switch off 바꾸다
pit 함정, 구멍
ceiling 천장
trigger 촉발시키다
tense 긴장된

❶ **Two down, three to go.**
두 개 획득. 이제 세 개 남았어요.
영화나 미드에서 자주 나오는 표현입니다. 사격 연습할 때 표적을 두 개를 쫘 넘어뜨리고, (더 쫘야 할) 표적이 세 개 남았을 때의 상황을 연상해 보세요. 적들과 대결, 학교나 직장에서 업무 해결, 위의 장면처럼 중요 임무 해결할 때 쓸 수 있어요.

Run Away from Namaari!

나마리에게서 도망쳐!

🎧 11.mp3

The gem lands in Sisu's hand and suddenly - **poof** - she's a person.	젬을 시수의 손에 올리자 갑자기 – 펑 – 하는 소리와 함께 시수가 사람으로 변한다.

SISU-HUMAN I just **shape-changed**! Into people!

시수-인간 내가 변신을 했어! 사람으로!

RAYA Dragons can do that?

라야 드래곤은 그런 것도 할 수 있어요?

SISU-HUMAN This was my sister Pranee's thing!

시수-인간 이건 프라니 언니의 능력이었어!

SISU-HUMAN (plays around) Look at my people arms and my people face! Look at how close my **butt** is to my head. Now that you don't have to hide me, getting the rest of the gems is gonna be **a breeze**!

시수-인간 (몸을 이리저리 움직이며) 내 사람 팔과 사람 얼굴을 좀 봐! 엉덩이가 머리와 이렇게 가까워진 거 보라고, 네가 날 숨기지 않아도 되니까 나머지 젬을 얻는 건 식은 죽 먹기라고!

RAYA Yeah, well this one was easy, but the rest of them are being held by **a bunch of** no-good **binturis**.

라야 네, 뭐 이번 건 좀 쉬웠지만, 나머지는 악랄한 빈투리들 손아귀에 있어서요.

NAMAARI (O.S.) Binturi? That's not a very nice way to **describe** an old friend.

나마리 (화면 밖) 빈투리라고? 옛 친구를 그렇게 말하면 안 되지.

Raya looks over to the **entrance** way and finds Namaari and her soldiers standing there.

라야가 입구 쪽을 바라보니 나마리와 그녀의 전사들이 있다.

RAYA Namaari.

라야 나마리.

Namaari's Serlots **stroll** into the chamber.

나마리의 설롯들이 그 공간으로 어슬렁거리며 들어온다.

---

poof 펑 하는 소리
shape-change 형태를 바꾸다
butt 엉덩이
a breeze 식은 죽 먹기, 수월한 일
a bunch of 몇몇의
binturi 배반자, 반역자 (가상의 쿠만드라 언어)
describe 말하다, 묘사하다
entrance 입구

stroll 어슬렁거리며 오다

바로 이장면!*

NAMAARI	What's dripping, dep la? Oh, I see you finally made a new friend. And here I was worried you were gonna end up becoming a cat lady. Like me.	나마리 잘 지냈어, 친구? 오, 드디어 새 친구를 사귀었네. 네가 고양이나 키우면서 혼자 살게 될까 봐 걱정했거든. 나처럼 말이야.
SISU-HUMAN	Something tells me you're not **besties**?	시수-인간 너희 둘이 절친은 아닌 것 같은데?
NAMAARI	Stealing dragon gem pieces, are we? Why?	나마리 드래곤 젬 조각이나 훔치고 다닌다고? 왜지?
RAYA	**What can I say?**❶ **Bling** is my thing.	라야 글쎄 뭐랄까? 난 반짝이는 걸 좋아하거든.
NAMAARI	I gotta admit, Raya - until a few months ago I thought you were stone, but then someone stole Fang's dragon scroll –	나마리 솔직히 말이야, 라야 – 몇 달 전까지만 해도 난 네가 돌로 변한 줄 알았지, 헌데 누가 송곳니 땅의 드래곤 두루마리를 훔쳐 갔더라고 –
RAYA	Oh, is that why you're **chasing** me? And here I thought it was because you missed me.	라야 오, 그래서 날 쫓아온 거야? 네가 날 보고 싶어서 그런 줄 알았는데.

Raya throws back Namaari her dragon scroll. Namaari catches it, face still looks **severe**.

라야가 나마리에게 드래곤 두루마리를 던져 준다. 나마리가 그것을 잡는데 얼굴은 여전히 굳어 있다.

NAMAARI	(unfolds it) Are you really looking for Sisu? What are you? Twelve?	나마리 (두루마리를 펼치며) 아직도 시수를 찾고 있어? 나이가 몇 살인데 그래? 12살?
RAYA	I actually was looking for Sisu. Ooh, and guess what? I found her.	라야 물론 시수를 찾고 있었지. 오, 근데 그거 알아? 내가 그녀를 찾았지 뭐야.

Sisu looks at Raya, are you serious? Namaari can't hide the fact that she's moved. Really?

시수가 '제정신이야?' 하는 표정으로 라야를 바라본다. 나마리는 '정말?' 이라는 표정을 숨길 수 없다.

RAYA	Say hi, Sisu!	라야 인사해, 시수!
SISU-HUMAN	HI! It's very nice to meet you. And I love your hair - and your cats'... hair.	시수-인간 안녕! 만나서 반가워. 머리 스타일 맘에 들어 – 그리고 네 고양이… 털도.

---

besties 단짝 친구
bling 반짝이는 물건
chase 쫓다
severe 심각한

❶ **What can I say?**
글쎄 뭐랄까?
What can I say?는 자기 생각을 딱히 뭐라고 표현하기 힘들 때 사용하는 표현이에요. '글쎄 뭐랄까?', '어떻게 말해야 하지?'라고 해석할 수 있는데 이런 말을 하면서 생각을 정리할 시간을 버는 것도 좋아요.

NAMAARI   (unamused) Take them.

Namaari's people move. Raya quickly reacts, hits the trip wire. Traps **go off**. A ton of it **dumps** directly on Namaari and her **feline** army. The room begins to fill with sand. Raya **scoops up** Sisu and swings her over to the other side.

RAYA   Run!

Sisu tries to run, but with four legs.

RAYA   Not like that. Two legs!

SISU-HUMAN Right!

Raya and Sisu run past Namaari and her people. Raya looks forward, sees the Toot N Boom **alley**. Namaari and her people **unbury** themselves and start chasing them. And begins **agitating** them to make them **explode**.

EXT. TAIL RUINS – CONTINUOUS
Raya and Sisu **burst** out of the ruins and leap onto Tuk Tuk.

RAYA   Tuk Tuk, roll!

EXT. SLOT CANYONS – DAY
Raya and Sisu blaze outta there on Tuk Tuk's back through the **slot canyons** towards town. They quickly **barrel** toward a low hanging rock.

RAYA   Jump!

They both jump off of Tuk Tuk, narrowly **dodge** the rock, and land back on Tuk Tuk.

SISU-HUMAN Who was that girl?

나마리   (별 반응 없이) 잡아 와.

나마리의 전사들이 움직이고, 라야가 재빠르게 대응해서 덫과 연결된 밧줄을 친다. 덫이 작동한다. 아주 많은 양의 모래가 나마리와 고양이 군대 바로 위에 쏟아진다. 그 안에 모래가 쌓이기 시작한다. 라야가 시수를 데리고 반대쪽으로 그녀를 타듯 날아간다.

라야   뛰어요!

시수가 뛰려고 하지만, 네 발로 한다.

라야   그렇게 말고, 두 다리로요!

시수—인간   그렇지!

라야와 시수는 나마리와 그녀의 전사들 옆으로 재빨리 지나간다. 라야 앞에는 뿅 폭탄들이 가득 있는 통로가 보인다. 나마리와 그녀의 전사들이 모래를 헤집고 나와 그들을 추격한다. 라야는 그것들을 자극해서 뿅 폭탄을 터뜨린다.

실외. 꼬리의 땅 유적지 – 계속
라야와 시수가 유적지에서 황급히 빠져나와 툭툭 위에 올라탄다.

라야   툭툭, 굴러!

실외. 좁은 협곡 – 낮
라야와 시수가 툭툭을 타고 마을로 이어지는 좁은 협곡을 빠르게 이동하고 있다. 그늘는 간신히 치나 갈 만한 높이의 바위 쪽으로 쏜살같이 질주한다.

라야   뛰어요!

둘 다 툭툭 위로 뛰어올라 간신히 바위를 피하고, 다시 툭툭 위에 착지한다.

시수—인간   그 여자애는 누구야?

---

unamused 심드렁한, 감흥 없는

go off 작동하다

dump 와르르 쏟아지다, 버리다

feline 고양잇과 동물

scoop up 올리다, 퍼다

alley 뒷골

unbury 파헤치다

agitate 자극하다, 휘젓다

explode 폭발하다

burst 튀어나오다

slot 좁은

canyon 협곡

barrel 질주하다

dodge 피하다

RAYA That's Namaari. She's the **backstabbing** binturi that broke the world.

라아 나마리예요. 이 세상을 부수고 뒤통수친 교활한 빈투리죠.

Sisu looks back and sees that Namaari and her soldiers are all now chasing them with their Serlots.

시수가 뒤를 보니 나마리와 전사들이 설롯을 타고 그들을 쫓아오고 있다.

SISU-HUMAN Wow, those cats are really fast, huh?

시수-인간 와, 저 고양이들 정말 빠르네, 어?

Raya looks ahead and **notices** a boat **docked** in a **port**. An idea **crosses her mind**.

라아가 앞을 보니 배 한 척이 항구에 정박해 있다. 그녀에게 묘안이 떠오른다.

RAYA What do cats and Druun have **in common**?

라아 고양이와 드룬은 어떤 공통점이 있죠?

SISU-HUMAN (guessing) Um... they have no... souls!

시수-인간 (생각하며) 음... 영혼이... 없다는 게!

RAYA (**correction**) AND they both hate water.

라아 (정정하며) 그리고 둘 다 물을 싫어하죠.

SISU-HUMAN Oh...

시수-인간 오...

RAYA Hold on!

라아 꽉 잡아요!

They leap into the water. **Frustrated** at being **outmaneuvered**. Namaari **reroutes** her soldiers **in pursuit**.

그들이 물속으로 뛰어든다. 라아에게 허를 찔려 당황한 나마리, 그녀를 추적하기 위해 군대를 다른 길로 데리고 간다.

---

backstabbing 뒤통수를 때리는

notice (보거나 듣고) 알다

docked 정박한

port 항구

cross one's mind 생각이 문득 떠오르다/스치다

in common 공통점이 있는

correction 정정, 수정

frustrate 좌절하다, 실망하다

outmaneuvered 허를 찔린

reroute 길을 바꾸다

in pursuit 추적하는

Take Us to Talon, Captain Boun

분 선장, 발톱의 땅으로 우리를 데려다줘요

🎧 12.mp3

INT. SHRIMP BOAT – DAY
Raya, Tuk Tuk, and Sisu leap onto the shrimp ship.

실내. 새우 배 – 낮
라야, 툭툭, 시수가 새우 배 위로 올라온다.

RAYA　　　　　Hello?! **Is anybody here?**[1]

라야　여기요?! 누구 없어요?

BOUN (10) suddenly **pops up** behind Raya and Sisu, **shoves** chairs under them, throws a pop-up table in front of them.

분(10살)이 라야와 시수 뒤에서 갑자기 나타나 그들 아래에 의자를 밀어 넣고 앞에 간이 식탁을 차린다.

바로 이장면!*

BOUN　　　　Welcome to the world famous Shrimp-orium. My name is Boun, I'll be your server today. Would you like to hear our **daily** specials?

분　세계적으로 유명한 슈림포리움에 오신 것을 환영합니다. 제 이름은 분이에요. 오늘 여러분의 담당 서버죠. 오늘의 특별 메뉴 말씀드릴까요?

SISU-HUMAN　Yes, please!

시수-인간　네, 그럼요!

BOUN　　　　We got shrimp. We got **congee**. We got a shrimp congee that won't **quit**.

분　새우가 있고 죽이 있죠. 새우 죽도 있는데 멈출 수 없는 맛이죠.

RAYA　　　　The captain! Where is the captain?

라야　선장님은? 선장님은 어디에 있지?

BOUN　　　　Lemme go get him! (he walks to the other side of the table) What's up, my new customers, I'm Captain Boun, the owner, chef, and Chief **Financial** Officer of the Shrimp-orium. How can I help you?

분　제가 가서 모셔 오죠! (그가 식탁 반대쪽으로 가서) 안녕하십니까, 손님 여러분. 저는 분 선장입니다. 슈림포리움의 주인이자 주방장이면서 최고 재무 관리자이죠. 무엇을 도와 드릴까요?

SISU-HUMAN　Well, I'm Sisu and -

시수-인간　어, 난 시수야 그리고 –

---

pop up 갑자기 나타나다

shove 밀어 넣다

daily 매일의

congee 콩지 수프 (죽 형태의 음식)

quit 멈추다

financial 제정의 (CFO 제무 담당 이사)

❶ **Is anybody here?**
누구 없어요?
누군가를 부를 때 우리말에서는 '누구 없어요?'라고 부정어를 활용해서 말을 하잖아요? 그러나 영어에서는 Isn't anybody here?라고 하지 않고 '누구 있어요?'라고 하는 것처럼 Is anybody here?라고 한답니다.

Raya looks over the side of the ship, sees Serlots nearing.

라야가 배 옆쪽을 보니 설롯들이 접근하고 있다.

RAYA And we need to get to Talon. NOW.

라야 그리고 우리는 발톱의 땅으로 가야 해. 지금 당장.

BOUN I'm sorry, the Shrimp-orium is not a water-taxi.

분 죄송하지만, 슈림포리움은 수상 택시가 아니거든요.

Raya holds out **blocks** of **jade** in front of Boun, who nods.

라야가 눈앞에 옥 덩어리들을 꺼내 보이자 분이 고개를 끄덕인다.

BOUN Toi! That's **alotta** jade!

분 이런! 이렇게나 옥이 많다니!

RAYA Half now, half when we arrive in Talon. Deal?

라야 지금은 반만, 나머지는 발톱의 땅에 도착하면 주지. 어때?

He grabs the jade.

그가 옥을 챙긴다.

BOUN **Clasp** onto your congee, today's special is– (**smug**) To-go.

분 죽 그릇 꽉 잡으시고, 오늘의 특별 메뉴는– (우쭐해 하며) 포장입니다.

Tuk Tuk is about to take a bite when his food is **yanked away**. With a great **flourish**, Boun pushes the boat away with a long pole. But it floats at a snail's pace.

툭툭이 음식을 먹으려고 하는 찰나에 누군가가 음식을 휙 가져가 버린다. 과장된 동작으로 분이 긴 막대를 이용해서 배를 밀어내려고 한다. 하지만 배는 달팽이 움직이듯 아주 천천히 이동한다.

RAYA Uh... Captain Boun? Does this thing go any faster?

라야 어… 분 선장? 이거 빨리 가게 할 수 없을까?

They see Namaari and her Serlots in the distance, approaching fast.

그들이 멀리서 나마리와 설롯들이 빠른 속도로 접근하는 것을 목격한다.

BOUN Whoa, you didn't tell me Fang was after you! This is gonna cost you extra!

분 앗, 송곳니 족이 당신들 추적하고 있다는 말은 안 했잖아요! 이러면 추가 요금을 내야 한다고요!

SISU-HUMAN Don't worry, **I got it!**[1]

시수-인간 걱정 마, 내가 해결할게!

Sisu leaps into the water, and transforms back into a dragon.

시수가 물속으로 뛰어들더니, 드래곤의 모습으로 변신한다.

BOUN What is she doing?

분 저 사람 뭐 하는 거죠?

---

block 덩어리
jade 옥
toi 감탄, 놀람의 표현 (가상의 쿠만드라 언어)
alotta 많은 (= a lot of)
clasp 꽉 쥐다
smug 거만한
yank away 확 낚아채다
flourish 과장된 동작

> **❶ I got it!**
> 내가 해결할게!
> I got it! 은 '내게 맡겨, 내가 해결할게'라는 뜻으로 본인이 어떤 일을 책임지고 하겠다고 말할 때 쓰는 표현이에요. 한 끗 차이가 나는 I get it.도 알아 두세요. 상대방의 말을 이해한다는 의미로 '알겠어요.'라는 뜻으로 쓰는 표현이에요.

Sisu **grabs** the **bottom** of the boat and starts kicking her legs. As she does, the shrimp-ship starts moving down the river at a **steady** speed.

시수가 배의 밑바닥을 잡고 힘껏 발장구 치기 시작한다. 그녀가 이렇게 하자, 새우 배가 아주 빠른 속도로 강을 질주하기 시작한다.

BOUN　　　　What is happening?

분　어떻게 된 거지?

RAYA　　　　My friend's a really strong swimmer?

라야　내 친구가 정말 수영을 잘하거든?

Namaari and her Serlots reach the **riverbank**. They watch as the boat motors away.

나마리와 설롯이 강둑에 도착한다. 하지만 그들은 배가 빠른 속도로 멀어지는 것을 바라볼 수밖에 없다.

RAYA　　　　(**mockingly**) Bye bye, binturi!

라야　(놀리는 듯) 잘 있어, 빈투리!

Namaari **seethes**.

나마리는 분노한다.

FANG OFFICER　Princess Namaari. If they're **after** gem pieces, their next stop would be Talon.

송곳니 장교　나마리 공주님. 저들이 젬 조각을 따라간다면, 다음 목적지는 발톱의 땅입니다.

NAMAARI　　We're not following them to Talon. We're going back to Fang. I need to speak with **Chief** Virana.

나마리　그들을 따라 발톱의 땅으로 가지 않는다. 우리는 송곳니의 땅으로 돌아간다. 비라나 족장님과 상의해야겠어.

---

grab 붙잡다　　　　　　　　　　chief 족장, 대장
bottom 바닥, 맨 아래
steady 빠른
riverbank 강둑, 강기슭
mocking 놀리는
seethe 속을 끓이나, 분노하나
be after 추적하다
go back 돌아가다

57

Raya Can't Trust Anyone

라야는 아무도 믿을 수 없어

🎧 13.mp3

EXT. KUMANDRAN RIVER – DAY
The shrimp boat steadily floats down the **murky** waters of the Kumandran river. Sisu **meanwhile** enjoys swimming **alongside** the ship. She dives deep into the water and **effortlessly** glides through the fish and **vegetation** in the **riverbed**, taking in what she's missed out on for the past few centuries.

EXT. BOUN'S SHRIMP BOAT – DAY
Raya leans over the side of the boat, **panicking** that Sisu has disappeared below the water's surface.

RAYA   Sisu? Sisu??

Sisu **resurfaces**.

SISU   Ah...

바로 이장면!*

RAYA   Please! Get out of there!

SISU   (continues to swim) I'm a water dragon. This is water. It's sorta my thing. You wanna come in?

RAYA   (whispers) Someone could see you.

SISU   Oh. Do you mean "Captain **Pop and Lock**" over there? What, are you scared he's gonna **challenge** me to a dance battle?

실외 쿠만드라 강 – 낮
새우 배가 거무칙칙한 쿠만드라 강물을 따라 유유히 흘러간다. 시수는 배를 따라 헤엄을 즐기고 있다. 물속 깊이 잠수하더니 여유롭게 강바닥에 있는 물고기와 수생 식물 사이를 미끄러지듯 지나간다. 마치 지난 몇 세기 동안 그녀가 누리지 못했던 것을 다 즐기려고 하는 것 같다.

실외. 분의 새우 배 – 낮
라야가 배 옆쪽으로 몸을 낮춘다. 시수가 물 아래로 사라지자 매우 당황스러워한다.

라야   시수? 시수??

시수가 다시 물 위로 올라온다.

시수   아…

라야   제발! 거기서 좀 나와요!

시수   (계속 수영하며) 난 물의 드래곤이야. 여긴 물이잖아. 내 영역 같은 거지. 너도 들어 올래?

라야   (속삭이며) 누가 당신을 볼 수도 있잖아요.

시수   오, 저기 '팝앤락 추는 선장님' 말하는 거야? 왜, 쟤가 나한테 댄스 배틀하자고 할까 봐 겁나니?

---

murky 짙은, 어두운
meanwhile 그동안에, 그 사이
alongside 옆에서, 함께
effortlessly 유유히
vegetation 식물
riverbed 강바닥
panicking 놀라는
resurface 물 위로 다시 올라오다

pop and lock 춤의 일종 (몸의 근육을 빠르게 수축, 이완시키는 동작으로 힙합이나 테크노 음악에 어울림)
challenge 도전하다, (경쟁 싸움을) 걸다

Boun **bangs** on the pots and pans to make a beat. Raya **awkwardly** dances to cover her talking to Sisu off the side of the ship.

분이 냄비와 프라이팬을 두드리며 박자를 타고 있다. 라야는 배 옆에서 시수와 이야기하는 것을 감추려고 어색하게 춤을 춘다.

RAYA — Sisu, I saw people **lose their minds** over a dragon gem. Can you imagine what they'd do over an actual dragon? Look, we need you to make this all work.

라야 시수, 전 드래곤 젬 때문에 사람들이 미치는 광경을 목격했다고요. 진짜 드래곤을 보고 그들이 어떤 행동을 할지 상상이나 할 수 있겠어요? 이봐요, 이 일을 제대로 해내려면 당신이 필요해요.

RAYA — Until we have all the gems, you have to stay human. Please.

라야 젬을 다 모을 때까지 당신은 사람으로 있어야 해요. 제발요.

SISU — Wow. You've really got some trust issues.

시수 와. 넌 정말 믿음의 문제가 있구나.

RAYA — Look, my father **blindly** trusted people and now… he's stone.

라야 이봐요, 우리 아빠는 사람들을 무턱대고 믿었어요. 그래서 지금… 돌이 되었죠.

Sisu jumps onto the boat as a human.

시수가 사람이 되어 배 위로 올라온다.

SISU-HUMAN — Hey. We'll get your ba back. I got you, girl. Come on. Who's your dragon? I mean human. Because I'm gonna be human until - yeah, you get it.

시수-인간 이봐. 우린 너의 바를 되찾을 거야. 내가 도와줄게. 힘내. 내가 달리 드래곤이니? 내 말은 사람이지. 내가 사람의 모습을 하고 있을 거니까. 언제까지 그럴 건가 하면 - 그래. 무슨 말인지 알지?

Bowls **suddenly** fall onto a table.

갑자기 그릇들이 식탁 위에 놓인다.

BOUN — Okay, who's hungry?

분 자, 배고프신 분?

SISU-HUMAN — Ooo, I am!

시수-인간 오, 저요!

Boun **ladles** congee into each bowl.

분이 국자로 죽을 떠서 그릇에 담는다.

BOUN — Two house specials! (spins a bottle of hot sauce in his hand) How **spicy** would you like it? Hot, hotter, or Boun-goes-the-**dynamite**?

분 특별 요리 2인분 대령이요! (손으로 매운 소스 병을 돌린다) 얼마나 맵게 해 드릴까요? 그냥 매운맛, 특별 매운맛, 아니면 분이 만든 폭탄 매운맛이 있어요.

---

bang 두드리다
awkwardly 어색하게, 어설프게
lose one's mind 미치다
blindly 맹목적으로
suddenly 갑자기
ladle 국자로 퍼다
spicy 매운
dynamite 다이너마이트, 위험물, 놀라운(굉장한) 것

SISU-HUMAN	**Bring on the heat!**❶
시수–인간	입에서 불이 나게 해 주세요!

RAYA   Yeah, no, no… I don't think so.

라야   어, 아니, 아니야… 이건 아닌 것 같아요.

SISU-HUMAN What are you doing?

시수–인간 뭐 하는 거야?

RAYA   (whispers) We don't know him. It could be **poisoned**.

라야   (속삭이며) 쟤를 잘 모르잖아요. 독이 들어 있을지도 몰라요.

SISU-HUMAN (loudly) Why would he poison us?

시수–인간 (큰 목소리로) 왜 쟤가 우리를 독살하려는 건데?

BOUN   (offended) Yeah, why would I poison you?

분   (기분이 나빠서) 그래요, 내가 왜 당신들을 독살하는데요?

RAYA   First, to get my jade **purse**. Second, to steal my sword. And third - I don't know - to **kidnap** my Tuk Tuk.

라야   첫째, 옥이 든 내 지갑을 훔치려고. 둘째로 내 검을 훔칠 수도 있고, 그리고 셋째 – 잘은 모르겠지만 – 툭툭을 납치하려고 그럴 수도 있지.

BOUN   All good points, but if this is poison… (**slurps** congee) You're gonna die happy.

분   좋은 지적이지만, 여기에 독이 있다면… (죽을 후루룩 먹는다) 당신은 행복하게 죽음을 맞이하는 거예요.

RAYA   Yeah, thanks but, we've got our own eats.

라야   그래, 고맙긴 하지만, 우리는 먹을 게 있어.

Raya takes out her own jackfruit jerky and **rips** a piece off with her teeth. It's hard, **leathery**, not very good. Raya hands some to Sisu but finds her **gulping down** the congee.

라야는 잭푸르트 말랭이를 꺼내서 이빨로 뜯는다. 딱딱하고 질기면서 맛도 좋지 않다. 라야가 시수에게 몇 개를 건네는데 시수는 이미 죽을 벌컥벌컥 삼키며 먹고 있다.

SISU-HUMAN This is delicious! (points at the food) By the way. Not. Poison. (heat hits her) But… It's hot - IT'S REALLY HOT! Water! Boun? Captain Boun? We need water on **deck**!

시수   이거 정말 맛있네! (음식을 가리키며) 그리고 독이 들어 있지도 않아. (매운맛이 올라온다) 하지만… 매워 – 정말 매워! 물! 분? 분 선장님? 갑판에 물이 필요해!

---

poisoned 독이 든
purse 지갑
kidnap 납치하다
slurp 후루룩 마시다
rip 뜯다
leathery 질긴
gulp down 벌컥 들이키다
deck 갑판

❶ **Bring on the heat!**
입에서 불이 나게 해 주세요!
Bring on the heat! 는 경기나 콘서트 등에서 관중들의 함성을 유도하기 위해 외치는 표현이에요. 또한 이 대사처럼 아주 매운 음식을 먹기 전에 호기 있게 하는 말이기도 하죠. Bring it on! 이란 표현도 자주 쓰는데 '덤벼 봐!'라는 뜻이에요.

Druun Took Our Family

드룬은 우리 가족을 빼앗아 갔어

🎧 14.mp3

EXT. DRAGON **GRAVEYARD** – DAY
Namaari and her soldiers ride through a field full of stone dragon. We clock Namaari's face. This moment has more meaning to her than the rest. Namaari stops and bows.

EXT. THE RIVER – EARLY EVENING
CU on Raya as she stares at the purple glow and movement of druun **ominously sweep through** the trees on the **shoreline**. Tuk Tuk's **visibly** shaking from seeing them, Raya **pets** his head to calm him down.

RAYA   I know buddy.

BOUN   You know, during the day, you can almost forget they're here, but at night... (clearly **unnerved**) This is why I never leave the boat.

Raya **clocks** Boun's words. He might be **verbose**, but he's just a kid.

RAYA   You're a smart kid.

BOUN   What are druun anyways?

SISU-HUMAN   A **plague** born from human **discord**, they've always been here – waiting for a moment of weakness to attack. They're like the opposite of dragons, instead of bringing water and life to the world, they're like a **relentless** fire that **consumes** everything in its wake until there's nothing left except **ash** and stone.

실외. 드래곤 묘지 – 낮
나마리와 그녀의 군사들이 설롯을 타고 드래곤 석상이 가득한 들판을 지나간다. 나마리의 얼굴이 보인다. 이 순간은 다른 이들보다 그녀에게 더 중요한 의미가 있다. 나마리가 잠시 멈추더니 절을 한다.

실외. 강 – 초저녁
라야에게 화면이 클로즈업된다. 그녀는 강가에서 보라색 드룬 불빛이 나무 사이를 불길하게 휩쓸고 지나가는 장면을 바라보고 있다. 툭툭이 그들을 보고 두려워하자 라야가 그를 진정시키고자 머리를 쓰다듬어 준다.

라야   나도 알아 친구.

분   저기, 낮 동안에는 그들이 여기에 있다는 사실을 거의 잊을 수 있지만, 밤에는… (매우 불안해 하며) 이래서 난 배 밖으로 나가지 않아요.

라야가 분의 말에 주목한다. 분은 수다스럽긴 하지만, 고작 어린아이일 뿐이다.

라야   넌 똑똑한 아이야.

분   그런데 드룬의 정체는 뭐죠?

시수-인간   인간의 불화로 만들어진 전염병 같은 거야. 그들은 항상 여기에 있었지 – 우리가 나약해진 순간에 공격하길 기다리면서 말이지. 드래곤과는 완전 반대야. 세상에 물과 생명을 가져다주는 것 대신 재와 돌이 남을 때까지 남아 있는 모든 것을 삼켜 버리는 무자비한 불길과 같은 존재들이지.

---

graveyard 묘지

ominous 불길한

sweep through 휩쓸고 가다

shoreline 물가

visibly 눈에 띄게, 분명히

pet 쓰다듬다

clock 주시하다, 알아보다

verbose 말이 많은

plague 전염병

discord 불화

relentless 끈질긴

consume 먹다

ash 화산재, 재

BOUN They took my family.

시수가 꽃을 들고, 배 가장자리에서 꽃잎을 강에 떨어뜨린다.

분 그것들이 우리 가족을 빼앗아 갔어요.

Sisu takes flowers, at the edge of the boat, and drops **petals** into the river.

SISU-HUMAN They took mine too.

시수-인간 내 가족도 그랬어.

Boun joins Sisu, takes some flowers and does the same. Raya clocks Boun's sadness. She walks over, joins and **casts** one single flower into the river for her dad. It's a **solemn** yet **unifying** moment. The lights from Talon catches their attention.

분이 시수처럼 꽃을 가져가 똑같은 행동을 한다. 라아는 분의 슬픔을 알아본다. 그녀도 걸어가서 그들이 했던 것처럼 아빠를 위해 꽃 하나를 강에 던진다. 엄숙하면서도 서로가 하나가 되는 순간이다. 발톱의 땅 불빛이 그들의 관심을 사로잡는다.

BOUN Looks like we're here! So where are you guys headed after Talon? I might be headed there too.

분 다 온 것 같아요! 발톱의 땅 다음에는 어디로 가시죠? 저도 그쪽으로 갈지도 모르잖아요.

BOUN I mean, for a **fee**, of course.

분 제 말은, 당연히 돈을 받고 말이죠.

RAYA (O.S.) Of course.

라아 (화면 밖) 당연하지.

Chyron: TALON
EXT. CITY OF TALON – NIGHT
Talon, a **bustling** port city built almost entirely on the water. Protected from Druun by a WALL on one end, and water on the other - Talon is one of the very few towns left in the land. It has the looks of a Southeast Asian Night Market and the energy of New York's night life... if Manhattan existed on **sampan boats**, that is.

자막: 발톱의 땅
실외. 발톱의 도시 – 밤
발톱의 땅은 대부분 물 위에 세워진 분주한 항구 도시이다. 한쪽 끝에는 거대한 벽으로, 다른 쪽은 물로 드룬의 공격을 막고 있다. 발톱은 지금 이 땅에 남아있는 몇 안 되는 도시 중의 하나이다. 동남아시아 야시장의 모습과 뉴욕의 밤 문화의 에너지를 느낄 수 있다… 맨해튼이 삼판 보트 위에 존재한다면, 바로 이곳일 것이다.

EXT. SHRIMP BOAT – NIGHT
Sisu **admires** the bright lights.

실외. 새우 배 – 밤
시수가 밝은 불빛을 보고 감탄한다.

SISU-HUMAN Wow. What a smart way to druun-proof your house - build right on the water. People of Talon are **geniuses**.

시수-인간 와. 드룬을 피해 물 바로 위에 집을 짓다니 정말 현명한 방법이야. 발톱의 땅 사람들은 천재들이네.

RAYA Yeah, Talon may look nice... but it's a **hotspot** for **pickpockets** and **con-artists**.

라아 그래요. 발톱의 땅은 좋아 보일 수는 있지만… 소매치기와 사기꾼들이 활개 치는 곳이에요.

---

petal 꽃잎
cast 던지다
solemn 근엄한
unify 통합(통일)되다
fee 요금
bustling 분주한
sampan boat 아시아 풍의 작은 돛단배
admire 감탄하다

genius 천재
hotspot 활개 치는 곳
pickpocket 소매치기
con-artist 사기꾼

SISU-HUMAN	Lucky for me, empty pockets!	시수-인간 그럼 난 다행이네. 주머니가 텅 비었거든!

SISU-HUMAN Lucky for me, empty pockets!

시수-인간 그럼 난 다행이네. 주머니가 텅 비었거든!

RAYA Okay, **so here's the good news.**[1] I know where the gem piece is. The bad news... it's being held by the **notorious** Chief of Talon, Dang Hai.

라야 자, 좋은 소식부터 말씀드리죠. 젬 조각이 어디에 있는지 제가 알고 있어요. 나쁜 소식은… 악명 높은 발톱의 땅 족장이 그걸 가지고 있죠, 댕 하이.

FANTASY: The camera zooms through Talon to the largest and most **imposing** building in the city. The camera lands on DANG HAI, an extra-large **kingpin** with a **Cthulu**-shaped beard.

상상 화면: 카메라가 발톱의 땅을 가로질러 이 도시에서 가장 크고 웅장한 건물로 움직인다. 카메라가 댕 하이에게 접근하는데, 그는 크툴루처럼 덥수룩한 수염이 있는 덩치가 매우 큰 대장이다.

RAYA (V.O.) What Dang Hai lacks in style, he makes up in **mean**.

라야 (목소리) 댕 하이는 외모는 어수룩해도, 비열함으로 가득 찼죠.

BACK TO REALITY.

다시 현실로 돌아와서.

바로 이 장면!*

SISU-HUMAN Gotcha. Now we're just gonna have to **turn up the charm**. Let's go get him a gift!

시수-인간 알겠어. 이제 그럼 매력을 좀 발산해야겠군. 그에게 줄 선물을 사러 가자!

RAYA Sisu, I think maybe it's safer for you to stay here on the boat.

라야 시수, 당신은 여기 배에 있는 게 더 안전할 것 같아요.

SISU-HUMAN What?

시수-인간 뭐라고?

RAYA Without you we can't put the gem back together.

라야 당신이 없으면 우리는 젬을 결합할 수 없어요.

SISU-HUMAN But I want to help.

시수-인간 하지만 나도 돕고 싶어.

RAYA I know, and you will. By staying safe.

라야 알아요, 그러실 거예요. 안전하게 있는 게 도와주는 거예요.

Off Sisu, **frustrated**.

시수의 얼굴이 화면에 잡힌다. 낙심한 표정이다.

RAYA (she leaves) I'll be back before you know it.

라야 (그녀가 떠나며) 곧 돌아올게요.

notorious 악명높은
imposing 인상적인
kingpin 중심인물
Cthulu 크툴루 (덥수룩한 수염을 가진 전설 속 인물)
mean 못됨, 사나움
turn up the charm 매력을 발산하다
frustrated 당황한

❶ So here's the good news.
좋은 소식부터 말씀드리죠.
Here's the good news.는 긍정적인 소식을 말하고자 할 때 쓰는 표현이에요. 이 말을 하면 당연히 뒤에 The bad news is ~라며 부정적인 말이 따라 나오죠. The bad news is… there's no bad news. (나쁜 소식은… 나쁜 소식이 없다는 거야.) 라는 농담도 외워 두었다가 사용해 보세요.

65

<u>BOUN</u>   (**ties off** the boat) If you see any hungry faces, **send 'em my way.** [1]

분 (배를 묶으며) 배고픈 사람들이 보이면, 이쪽으로 보내 주세요.

<u>RAYA</u>   You got it, **Captain**.

라야 알았어요. 선장님.

Raya **walks towards** the city.

라야가 도시 쪽으로 걸어간다.

---

tie off ~을 묶다
captain 선장
walk toward ~쪽으로 가다(걷다)

> [1] **Send them my way.**
> 이쪽으로 보내 주세요.
> 위 대사에서 them은 'hungry faces; 배고픈 얼굴(표정), 즉 배고픈 사람들'을 의미합니다. my way는 toward me, to me (나에게, 내 쪽으로)와 같은 의미로 Send them to me. 라고도 쓸 수 있어요.

Watch Out for the Con-Baby

좀도둑 아기를 조심해

🎧 15.mp3

EXT. TALON STREET – NIGHT
Various shots of the lively night market: Endless **varieties** of delicious food being cooked, money exchanging hands, bright signs advertising **wares**, and lanterns being **strung** up across the market. Three ONGIS sit and watch Raya and Tuk Tuk **pass by**. They **deviously** smile - out of towners...

RAYA   Alright, there's Dang Hai's house. No **detours** until we **score** that dragon gem.

Raya's eyes are focused on the top of the Talon Chief's home. Her ears however hear a BABY CRY. Raya turns and finds...

RAYA   Whoa. What in the –

... a lone baby **sobbing** in the middle of an alleyway. Raya looks up at the temple, she's **tempted** to keep going, but her human **decency** gets the best of her. She approaches the **toddler**.

RAYA   (**struggles** with decision) Uh... okay...

Raya picks up the crying baby.

RAYA   Hey... baby, toddler, thing, whatever you're called. It's really late, what are you doing out here? Where are your parents?

As Raya tries to **console** the baby, she turns to find...

RAYA   (calls out) Hey. Whose baby -

... the Ongis on top of Tuk Tuk, **pick-pocketing** the gems. They have the gem shards in their hands.

실외. 발톱의 땅 거리 – 밤
활기찬 야시장의 다양한 장면들: 매우 다양한 음식들을 요리하는 모습, 돈을 거래하는 손, 물건을 광고하는 화려한 간판들, 시장을 가로질러 걸려 있는 등불들이 보인다. 세 마리의 엉기들이 앉아 있다가 라야와 툭툭이 지나가는 것을 바라본다. 그들은 사악하게 웃는다 – 외지 사람들이다…

라야   그래, 댕 하이의 집이 저기에 있어. 드래곤 젬을 얻을 때까지 한눈팔지 말자고.

라야의 시선은 발톱 족장의 집 맨 위쪽에 고정된다. 그런데 그녀의 귀에 아기 울음소리가 들린다. 라야가 고개를 돌리니…

라야   오, 세상에 나 –

… 아기가 혼자 좁은 골목길 한가운데에서 울고 있다. 라야는 신전 쪽을 바라보며 계속 가려고 하지만, 인간의 도리가 그녀를 이기고 만다. 라야가 아기에게 다가간다.

라야   (결정을 쉽게 내리지 못하고) 어… 알았어…

라야가 울고 있는 아기를 들어 올린다.

라야   이봐… 아가, 꼬마야, 뭐, 뭐든간에, 늦은 시간에 여기서 뭐 하는 거니? 부모님은 어디에 있어?

라야가 아기를 달래며 고개를 돌리는데…

라야   (큰 소리로) 이봐요. 누구의 아기 –

… 툭툭 위에 올라가 있는 엉기들이 젬을 훔치고 있다. 그들은 손에 젬 조각들을 들고 있다.

---

variety 다양함
ware (길거리, 시장에서 파는) 물건
strung 걸려 있는
pass by 지나가다
deviously 사악하게
detour 돌아가기
score 획득하다
sob 흐느끼다

temped 유혹 받는
decency 품위, 예절
toddler 걸음마를 배우는 아이
struggle 애쓰다, 투쟁하다
console 달래다
pick-pocket 소매치기하다

<u>RAYA</u>	What? Ongis! Drop em!	라야 뭐야? 엉기들! 놔둬!

Caught, the baby HISSES, **attacks** Raya, and **runs off** with the Ongis.

정체가 탄로 나자 아기는 쉬익 하는 소리를 내고 라야를 공격한 뒤 엉기들과 함께 도망간다.

<u>RAYA</u>	Really? A con-baby!	라야 뭐야? 좀도둑 아기라니!

*바로 이장면!**

EXT. SHRIMP BOAT – CONTINUOUS
Sisu is still **perched** on the side of Boun's boat, thinking.

실외. 새우 배 – 계속
시수가 분의 배 옆에 앉아 생각한다.

SISU-HUMAN	This is giving me bad feels. Chief Dang Hai does not sound like someone you can **smooth talk**. Raya didn't even bring a gift. (makes a decision) That's it. I'm going shopping!	시수-인간 기분이 안 좋은데. 댕 하이 족장은 부드럽게 말할 수 있는 사람이 아닌 것 같아. 라야는 선물을 가져가지도 않았잖아. (결심한 듯) 그래. 쇼핑하러 가야겠어!
SISU-HUMAN	Oh wait... I don't have any money.	시수-인간 오 잠깐… 난 돈이 한 푼도 없는데.
BOUN	You're an **adult**. You could just put it on **credit**.	분 당신은 어른이잖아요. 외상으로 하면 되죠.
SISU-HUMAN	Ooo, what's credit?	시수-인간 오오, 외상이 뭐야?
BOUN	It's kinda like a promise. You take what you want now and you promise you'll pay it back later.	분 약속 같은 거예요. 지금 원하는 것을 사고 나중에 갚겠다고 약속하는 거죠.
SISU-HUMAN	Pay it back later... What an **amazing concept**! Thanks, Captain Boun!	시수-인간 나중에 갚는다고… 정말 멋진 개념이군! 고마워. 분 선장!

---

attack 공격하다, 덤벼들다
run off (빠르게) 도망가다, 급히 떠나다
perch 앉아 있다
smooth talk 부드럽게 이야기하다
adult 어른
credit 신용, 융자
amazing 놀라운
concept 개념, 발상

Sisu Has No Credit

시수는 신용이 없어

🎧 16.mp3

EXT. TALON MARKET – NIGHT
To some fun "**Saturday Night Fever'esque**" beat, Sisu **skips through** town.

실외. 발톱의 땅 시장 – 밤
영화 '토요일 밤의 열기'와 같은 흥겨운 음악 비트가 흐르고 시수가 춤을 추듯 흥겹게 마을을 지나간다.

SISU-HUMAN I'll be buying this with credit.

시수-인간 이거 외상으로 살게요.

Sisu sees all the shops. She **OOHs and AAHs** as she helps herself to clothes...

시수가 상점들을 구경한다. 그녀는 감탄사를 연발하며 옷들을 걸쳐 보는데…

SISU-HUMAN Ooo, Dang Hai's gonna love this. Credit, please. Oh, I like that. Uh, yeah. I'll be using credit. Yes. I love credit!

시수-인간 오오, 댕 하이가 이걸 좋아할 것 같네. 외상이요. 오, 저거 마음에 드네. 어, 네. 외상으로 할게요. 그래. 외상이라는 거 정말 좋은 거네!

Sisu's having a great time until -

시수가 멋진 시간을 보내고 있는데 -

MALE MERCHANT 1 (**points at** her) HEY! YOU!

남자 상인 1 (그녀를 가리키며) 이봐요! 당신!

MALE MERCHANT 2 Are you going to **pay for** any of that?

남자 상인 2 그 물건들 살 거요?

*바로 이장면!**

SISU-HUMAN Oh right, right. No, this is **on credit**. Yeah, I'm gonna pay you back later.

시수-인간 오 맞아요, 맞아. 아니, 이거 외상이에요. 네, 나중에 돈 드리려고요.

MALE MERCHANT 2 Pay us back later? We don't know you!

남자 상인 2 나중에 주겠다고? 우린 당신을 모르는데!

FEMALE MERCHANT You have no credit here! Pay us right now!

여자 상인 당신은 여기에 신용도 없잖아! 지금 당장 돈을 내!

The different **Vendors** circle around her.

여러 상인이 그녀를 둘러싼다.

Saturday Night Fever '토요일 밤의 열기' (1970년대 디스코 열풍을 일으킨 영화, 위 장면에서는 '디스코 풍'의 음악, 박자/리듬을 말함)
-esque ~풍(식)의
skip through 흥겹게 지나가다
ooh and aah 감탄(놀람)의 소리를 지르다
merchant 상인
point at 가리키다
pay for ~ 에 대한 돈을 지불하다

on credit 외상으로, 신용카드로 구입하는
vendor 행상인

SISU-HUMAN Now? I don't have anything, but... if I could find my girl Raya, she has a sword. Dried eats. Two Dragon Gem **pieces**. (realizes) No we don't. Whaaat? Who said that?	시수-인간 지금이요? 난 가진 게 없는데, 하지만… 내 친구 라야를 찾았어, 걔가 검도 있고, 말린 음식도 있어요. 드래곤 젬 조각도 두 개나 있죠. (갑자기 생각난 듯) 아니 없어요. 뭐라고요? 누가 그런 말을 했대?
MALE MERCHANT 2 You better pay up, binturi!	남자 상인 2 지금 돈을 내는 게 좋아. 빈투리!
FEMALE MERCHANT This isn't a **charity**!	여자 상인 여기는 자선 사업하는 곳이 아니야!
MALE MERCHANT 2 Who do you think you're stealing from?	남자 상인 2 누구한테서 물건을 훔치려고 그래?
As the angry vendors close in on a **beleaguered** Sisu, a SWEET OLD WOMAN notices and comes to Sisu's **rescue**.	화가 난 상인들이 사면초가에 놓인 시수에게 가까이 다가오자, 상냥하게 보이는 노파가 이를 발견하고 시수를 구해 준다.
DANG HU (**slapping** the Vendors' hands away) Nee, nee! Get away from her! Can't you see she's new in town?	댕 후 (장사꾼의 손을 찰싹 때리며) 니, 니! 그녀에게서 떨어져! 이 마을에 처음 온 사람이라는 거 모르겠어?
The merchants **back off**, seemingly **chastised**. Sisu looks at the Old Lady, **grateful**. This is DANG HU.	상인들이 꾸지람을 들은 것처럼 뒤로 물러선다. 시수가 노파를 바라보며 고마워한다. 이 사람은 댕 후다.
DANG HU (to Sisu) Come, dear. Don't be afraid. It's okay.	댕 후 (시수에게) 이리 와요, 아가씨. 무서워하지 말고, 괜찮아요.

As Sisu walks off with Dang Hu.	시수가 댕 후와 함께 걸어간다.
EXT. TALON STREET – NIGHT Raya continues her chase through the streets of Talon... Tuk Tuk tries to **keep up**, but stops at a narrow bridge that he's too big to cross. He changes direction. Raya **chases after** the Ongis and Noi, leaping over a man asleep in a boat. Noi throws her **diaper** at Raya.	실외. 발톱의 땅 거리 – 밤 라야가 발톱의 땅 거리를 헤집고 추격을 계속하고 있다. 툭툭이 쫓아가려고 하지만 폭이 좁은 다리 앞에서 멈춰 선다. 덩치가 너무 커서 건널 수가 없다. 그는 방향을 바꾼다. 엉기들과 노이를 추격하는 라야, 배에서 자는 남자를 훌쩍 뛰어넘는다. 노이가 라야에게 기저귀를 던진다.
RAYA (dodges) Ah! Diaper!	라야 (피하면서) 야! 기저귀!

---

piece 조각	keep up 계속하다
charity 자선사업	chase after 쫓다
beleaguered 포위된	diaper 기저귀
rescue 구출	dodge 피하다
slap 찰싹 때리다	
back off 뒤로 물러나다, 뒷걸음질 치다	
chastise 꾸짖다	
grateful 감사하는	

... and finally Tuk Tuk corners the Ongis and the Con-Baby. Having no escape, the little "Con-Baby" hits the Ongis, then they throw back her gem.

RAYA   (to Baby) Thanks.

RAYA   So, **it's none of my business,**[1] but using your baby **charm** to **rip** people **off** is super **sketchy**. (beat) Alright, where's your family?

Noi **scoffs at** Raya and walks away with the two largest Ongis. The LITTLEST ONGI however **hangs back** and "**poses** as a stone statue" to tell Raya what's happened to Noi's parents.

RAYA   (realizes) Oh. Right.

Raya looks over at Noi and the Ongis as they split a piece of food. She looks up at Dang Hai's house and gets an idea.

RAYA   Hey. **How would you like to earn some honest loot?**[2]

… 그리고 마침내 툭툭이 엉기들과 좀도둑 아기를 코너로 몰아넣는다. 도망갈 곳이 없는 '좀도둑 아기'가 엉기들을 툭 치자, 그들이 라야에게 젬을 돌려준다.

라야 (아기에게) 고맙군.

라야 내가 알 바는 아니지만 도둑질하려고 아기의 매력을 쓰는 건 정말 야비한 짓이야. (잠시 정적) 그래, 가족은 어디에 있니?

노이가 라야를 비웃으며 덩치가 큰 엉기 두 마리와 함께 걸어간다. 제일 조그만 엉기가 뒤에 남아서 '석상 자세'를 취하며 노이의 부모님에게 일어난 일을 라야에게 알려 준다.

라야 (알겠다는 듯) 오, 그렇구나.

라야는 노이와 엉기들이 음식 조각을 나누어 먹는 것을 바라본다. 그녀가 댕 하이의 집을 올려다보는 데 좋은 생각이 떠오른다.

라야 이봐. 착한 도둑질해 보고 싶니?

---

charm 매력
rip off 훔치다
sketchy 야비한
scoff at 비웃다
hang back (모두 떠나고) 뒤에 남다
pose 자세를 하다
earn 얻다
loot 도둑질

❶ **It's none of my business.**
내가 알 바는 아니지만.
본인과는 관련 없는 일이라고 할 때 쓰는 표현이에요. '내가 상관할 바가 아니라'는 의미예요.

❷ **How would you like to earn some honest loot?** 착한 도둑질해 보고 싶니?
How would you like to ~?는 '~하는 거 어떻게 생각해?'라며 상대방의 의향을 묻는 패턴입니다. loot는 '도둑질, 약탈'이란 뜻이에요.

Raya Saves Sisu from Trouble
라야가 위험에서 시수를 구하다

🎧 17.mp3

EXT. TALON CHIEF HOME – NIGHT
Noi and the Ongis nod to Raya, hiding nearby - it's **showtime**. Several scary BODYGUARDS stand at the ready in front of the Talon Chief's fancy home. Noi cutely **waddles** in front of them. She **coos**, being **adorable**. The Ongis join in. All eyes go to Noi and the Ongis as... Raya **sneaks** into Dang Hai's place. She sneaks up the steps to a Big Guy on the balcony. Raya **immediately** points her sword at his back.

RAYA　　(cool and **threatening**) Alright, Dang Hai, I'll take that dragon gem piece.

He turns to reveal –

CHAI THE FLOWER GUY　Whoa! I'm not Dang Hai! I'm Chai, the flower guy.

RAYA　　Where is Dang Hai?

CHAI THE FLOWER GUY　He's right over there.

The Big Guy points to a **decorated** statue... it's a stoned Dang Hai.

RAYA　　What? Who has his gem piece?

CHAI THE FLOWER GUY　The most **vicious** Chief Talon has ever seen.

EXT. TALON STREET – NIGHT
Dang-Hu walks with Sisu through the market towards the city's **edge**.

실외. 발톱의 땅 족장의 집 – 밤
노이와 엉기들이 고개를 끄덕이며 근처에 숨어 있는 라야에게 신호를 보낸다 – 행동 개시. 무섭게 생긴 경비병 몇 명이 발톱의 땅 족장의 멋진 집 앞에서 보초를 서며 만일의 사태를 준비하고 있다. 노이가 귀엽게 그들 앞으로 아장아장 걸어온다. 옹알이하며 귀여운 척을 한다. 엉기들도 함께한다. 시선이 모두 노이와 엉기들에게 집중되자… 라야가 댕 하이의 구역으로 잠입한다. 계단을 조용히 올리와 발코니에 서 있는 덩치 큰 사내를 마주한다. 라야가 재빨리 자신의 검 끝을 그의 등에 갖다 댄다.

라야　(차가우면서 위협적인 태도로) 자, 댕 하이, 내가 드래곤 젬 조각을 가지고 가겠어.

그가 뒤로 돌아서는데 –

꽃장수 차이　에! 전 댕 하이가 아니에요! 저는 차이예요, 꽃장수.

라야　댕 하이는 어디에 있죠?

꽃장수 차이　저기에 있어요.

덩치 큰 사내가 화려한 장식을 한 석상을 가리킨다… 돌로 변한 댕 하이다.

라야　뭐라고요? 그럼 누가 젬 조각을 가지고 있는 거죠?

꽃장수 차이　발톱의 땅 역사상 가장 악랄한 족장이 가지고 있죠.

실외. 발톱의 땅 거리 – 밤
댕 후가 시수와 함께 시장을 지나 도시의 외곽으로 걸어간다.

---

showtime (공연, 연극, 계획 등의) 개시 시각
waddle 아장아장 걷다
coo 옹알이를 하다
adorable 귀여운
sneak 잠입하다
immediately 즉시, 즉각
threatening 협박하는, 위협적인
decorated 장식된

vicious 사악한
edge 가장자리

SISU-HUMAN	Those **folks** were like crazy mad. I just wanted to bring some gifts to the Talon Chief, Dang Hai.	시수-인간 저 사람들 제정신이 아닌 것 같아요. 난 그냥 발톱 족장에게 선물을 주려고 했을 뿐인데, 댕 하이 말이죠.
DANG HU	Is that who you're looking for dear? I know exactly where he is.	댕 후 당신이 찾는 게 바로 그 사람이에요, 아가씨? 그 사람이 어디에 있는지 내가 잘 알고 있죠.
SISU-HUMAN	You do?	시수-인간 그러세요?
DANG HU	Mm-hmm. I'll take you there.	댕 후 음흠. 내가 데려다줄게요.
SISU-HUMAN	SEE! That's what I've been trying to tell my girl Raya. But she's all like - "You can't trust people. Don't talk to anyone. I only eat terrible foods I dried myself."	시수-인간 거 봐요! 이게 바로 내가 라야에게 말하려고 했던 거예요. 근데 걔는 늘 이렇게 말하죠 - "사람들을 믿으면 안 돼. 누구하고도 말을 섞지 마. 난 내가 손수 말린 끔찍한 음식들만 먹겠어."

Two large **HENCHMEN** join Sisu and Dang-Hu as they walk. She gives them big smiles, but they don't react to her at all. From the looks **exchanged** between Dang Hu and her "sons" we sense that she's more Mob Boss than Sweet Old Mother. The Henchmen nod and lower a **draw-bridge** for Sisu and Dang Hu to cross. They cross the bridge and...

덩치가 큰 행동 대원 둘이 나타나 시수와 댕 후와 함께 걸어간다. 시수가 그들에게 크게 미소 인사를 하지만 그들은 전혀 반응하지 않는다. 댕 후와 그녀의 '아들들'이 교환하는 눈빛을 보아 그녀는 상냥한 어머니보다는 조직 두목에 더 가까운 느낌이다. 행동 대원들이 고개를 끄덕이고 시수와 댕 하이가 건널 수 있도록 도개교를 내린다. 그들이 다리를 건너는데…

DANG HU	Come, dear. Chief Dang Hai is just outside the city, beyond the gates.	댕 후 얼른 와요, 아가씨. 댕 하이 족장은 도시 바로 밖, 성문 너머에 있어요.

... they continue on through some gates.

… 그들이 성문을 지나 계속 걸어간다.

SISU-HUMAN	Away from the water, huh? Wow. **He really likes living on the edge.**❶	시수-인간 물에서 떨어져서요? 와. 그분은 위험을 즐기며 사는 분이군요.

EXT. TALON JUNGLE – NIGHT
Dang Hu leads Sisu out of the gates into the jungle. It's **creepy**, quiet. Sisu is **relieved** to see someone else out there –

실외. 발톱의 땅 정글 – 밤
댕 후가 문을 지나 정글로 시수를 안내한다. 섬뜩하고 조용하다. 시수는 또 누군가가 거기에 있다는 것을 알고 마음이 놓인다.

SISU-HUMAN	Hi there, Dang Hai. I'm Sisu and I've come here to **offer** you some –	시수-인간 안녕하세요, 댕 하이. 저는 시수예요. 제가 당신에게 드리려고 뭘 좀 가지고 왔는데 –

folks 사람들
henchmen 행동 대원, 부하
exchange 교환하다
draw-bridge 도개교
live on the edge 위험을 즐기며 살다
creepy 무서운
relieved 안심된
offer 바치다, 제안하다

❶ **He really likes living on the edge.**
그 분은 위험을 즐기며 사는 분이군요.
이 대사는 이중적인 의미로 한 말이에요. 실제로 댕 하이가 도시의 edge(외곽지역)에 살고 있다는 의미도 있지만, live on the edge는 '위험이나 모험을 즐기며 살다'라는 뜻도 있거든요.

... but is shocked to see it's a Stone Person. The **rattle** of druun.... Sisu looks and finds a Druun **emerge** from the woods, it approaches Sisu - but a "glow" **pushes** it **away**. Dang Hu stands by the doors with her two large bodyguards...

DANG HU	Now, you're going to tell me where I can find those other dragon gem pieces. Or...

Dang Hu reveals she's hold a dragon gem piece of her own.

바로 이장면! *

DANG HU	I'll have to leave you outside with that... thing. **Take your pick.**❶

The Druun paces back and forth, looking for a way past Dang Hu. The bodyguards close the door slowly, not giving Sisu a moment to react.

SISU-HUMAN	But I trusted you.
DANG HU	Big mistake.
DANG HU	You better talk fast. It looks hungry.

More druun begin to emerge from the woods.

SISU-HUMAN	No, no, no.

The Druun rushes towards Sisu as – Raya and Tuk Tuk **blast** through the city gates and **sweep past** Dang Hu, Raya **swipes** the gem from Dang Hu hands.

SISU-HUMAN	RAYA!
DANG HU	Stop her!

… 허나 그게 돌로 된 사람이라는 것을 알고 시수는 크게 놀란다. 딸그락거리며 움직이는 드룬의 소리… 시수가 주변을 보니 드룬이 숲에서 나오고 있다. 시수에게 접근하는데 – '불빛'이 드룬을 밀어낸다. 댕 후가 덩치가 큰 경비병 두 명과 함께 문 옆에 서 있다…

댕 후 자, 이제 다른 드래곤 조각이 어디에 있는지 말해 봐. 그렇지 않으면…

댕 후가 드래곤 젬 조각을 들고 있다.

댕 후 저놈들과 함께 널 밖에 내버려 둘 수밖에 없어. 선택해.

드룬이 이리저리 움직이면서 댕 후를 지나갈 수 있는 길을 찾으려고 한다. 경비병들은 서서히 문을 닫으며, 시수가 대응할 기회를 전혀 주지 않는다.

시수-인간 난 당신을 믿었는데.

댕 후 큰 실수지.

댕 후 빨리 말하는 게 좋아. 저놈이 배가 고파 보이거든.

숲에서 더 많은 드룬들이 나타나기 시작한다.

시수-인간 안 돼, 안 돼, 안 돼요.

드룬들이 시수를 향해 달려들려는데 – 이때 라야와 툭툭이 갑자기 도시의 성문에 나타나 댕 후를 지나면서 라야가 댕 후의 손에서 젬을 낚아챈다.

시수-인간 라야!

댕 후 저 애를 막아!

rattle 달그락거리는 소리
emerge 나타나다
push ~ away ~을 없애다, 밀치다
blast 큰소리 내다, 폭파하다
sweep past 지나가다
swipe 낚아채다, 긁다

❶ **Take your pick.**
선택해.
여러 선택 사항 중에 원하는 것을 고르라고 할 때 쓰는 표현이에요. pick은 동사로 '고르다', 명사로는 '선택, 고르기'라는 의미로 이 문장에서는 pick이 명사로 쓰였네요.

RAYA	Sisu, I told you to stay on the boat!	라야 시수, 배에 있으라고 했잖아요!
SISU-HUMAN	Sorry!	시수-인간 미안!
RAYA	**Hold onto** this for me, will ya?	라야 이거 잡고 있어요, 알았죠?

Raya gives the gem to Sisu. A giant blast of **FOG** covers the area, **scaring away** the druun. Raya and Sisu ride on Tuk Tuk, **away from** the Talon gates.

라야가 시수에게 젬을 건넨다. 거대한 안개가 그 지역을 덮어버리고 드룬을 쫓아낸다. 라야와 시수가 툭툭을 타고 발톱의 땅 성문에서 도망쳐 나온다.

RAYA	(celebrating) Fog?!	라야 (기뻐하며) 안개잖아요?!
SISU-HUMAN	Yeah, that was my brother Jagan's magic.	시수-인간 응, 우리 오빠 자간의 마법이었어.
RAYA	Okay, three down, two to go!	라야 좋아요, 세 개 획득했고 이제 두 개 남았어요!

They **hop on board**.

그들이 배에 오른다.

RAYA	(**yells out**) Alright, Captain Boun. Next stop - (**ducks** a bowl thrown at her) Spine!	라야 (큰소리로) 자, 분 선장. 다음에 갈 곳은 - (자기에게 날아오는 그릇을 피하며) 척추의 땅!

hold onto ~를 가지고 있다
fog 안개
scare away 쫓아버리다
away from ~에서 떠나다
celebrate 축하하다, 칭찬하나
hop on board 배 위에 뛰어 오르다
yell out 소리치다
duck (몸을) 수그리다

The Decision for Fang's Future

송곳니 땅의 미래를 위한 결정

🎧 18.mp3

Boun standing there with Noi and the Ongis **chugging down** congee like **frat boys** at a **keg** party.

분이 노이와 엉기들과 함께 서 있다. 노이와 엉기들은 파티에서 맥주를 드럼통으로 마시는 남자 대학생처럼 죽을 단숨에 들이킨다.

BOUN　Thanks for the new customers!

분　새로운 손님을 데려와 줘서 고마워요!

RAYA　Yeah, I sorta promised to buy them all the congee they could eat.

라야　그래, 죽을 먹고 싶은 만큼 다 사주겠다고 약속같은 걸 했거든.

BOUN　Well, we're stuck with them **for a while**. Cause Ongis have nine **stomachs**.

분　음, 당분간은 이들과 함께 있어야겠군요. 엉기들은 위가 아홉 개나 있으니까요.

RAYA　Oh, toi.

라야　오, 맙소사.

Raya and Sisu walk over to the table.

라야와 시수가 식탁으로 간다.

SISU-HUMAN　I can't believe it. That old lady was really going to hurt me.

시수-인간　믿을 수가 없어. 그 할머니가 정말로 날 해치려고 했다니.

RAYA　Well, I'm sorry, Sisu, that's what the world is now. You can't trust anyone.

라야　안타깝지만, 시수, 그게 요즘 세상의 모습이에요. 아무도 믿어서는 안 돼요.

As Sisu sits, Noi **approaches** her. She is super **adorable**.

시수가 앉자 노이가 그에게 접근한다. 노이는 매우 사랑스럽다.

SISU-HUMAN　Does that **include** babies?

시수-인간　아기들도 그런 거니?

RAYA　Uh, well...

라야　어, 음…

SISU-HUMAN　She's so cute. I mean look at those **cheeks**!

시수-인간　너무 귀엽잖아. 내 말은 저 뺨 좀 봐!

---

chug down 단숨에 들이켜다
frat boy 남자 대학생
keg 맥주가 든 드럼통
for a while 당분간
stomach 위
approach 접근하다
adorable 귀여운
include 포함하다

cheek 뺨

Noi grabs Sisu by the cheeks.

SISU-HUMAN (**muffled**) Hi, I'm Sisu.

NOI Soo-soo.

Noi leaps on her face.

SISU-HUMAN Aw, she loves my face.

RAYA (bemused) Watch out she doesn't steal your teeth. Here, lemme help you.

SISU-HUMAN Oh, that's so sweet… okay, too much **sweetness**, too much sweetness! It's too much!

INT. FANG THRONE ROOM – DAY
Virana speaks to FANG **OFFICERS**, over a map of Kumandra.

GENERAL ATITAYA Chief Virana, we're **running out of** room. We need to **expand** to the **mainland**.

VIRANA And how do you **propose** we handle the druun, General Atitaya? Without **proper** protection, it would be a **death sentence** for our people.

Namaari enters the palace.

NAMAARI I might have a solution for that, mother.

VIRANA (**genuinely** happy) My little **morning mist**, it's good to see you home.

NAMAARI I **located** Raya. She's out stealing gem pieces.

노이가 시수의 뺨을 양손으로 붙잡는다.

시수-인간 (목소리가 잘 안 들리며) 안녕, 난 시수야.

노이 수수.

노이가 시수의 얼굴에 올라간다.

시수-인간 아, 얘가 내 얼굴이 마음에 드나 봐.

라야 (살짝 당황하며) 이빨을 훔쳐 갈 수 있으니 조심해요. 자, 내가 도와줄게요.

시수-인간 오, 너무 귀여워… 알았어. 귀여워 죽겠어. 귀여워 죽을 것 같아! 진짜 죽겠다고!

실내. 송곳니 땅의 왕실 – 낮
비라나가 송곳니 땅 관리들과 이야기를 나누고 있다. 쿠만드라의 지도가 아래에 보인다.

아티타야 장군 비라나 족장님. 더 이상 공간이 없습니다. 육지로 영토를 넓혀야 합니다.

비라나 그럼 드룬은 어떻게 해결할 거죠, 아티타야 장군? 적절한 보호 장치가 없다면 우리 부족에게는 사형 선고나 다름없어요.

나마리가 궁으로 들어온다.

나마리 제게 해결책이 있어요, 어머니.

비라나 (아주 반갑게) 사랑하는 내 딸. 집에 돌아와서 반갑구나.

나마리 라야를 찾았어요. 젬 조각들을 훔치고 다니더라고요.

---

muffled 목소리가 묻힌
sweetness 사랑스러움
officer 장교
run out of ~가 다 떨어지다
expand 넓히다
mainland 육지
propose 제안하다, 계획하다
proper 적절한

death sentence 사형선고
genuinely 진정으로, 순수하게
morning mist 아침 안개 (비라나가 나마리를 부르는 애칭)
locate ~의 위치를 찾다

<u>VIRANA</u>   What?

<u>NAMAARI</u>   I'd like to take the royal army and **intercept** her in Spine.

<u>VIRANA</u>   Well, if she's going into Spine, I doubt there will be much left of her to intercept.

<u>NAMAARI</u>   She's more **capable** than you realize. We have to stop her.

Virana hears the anger in her daughter.

<u>VIRANA</u>   **Walk with me.** ❶

Virana leads Namaari to the balcony.

<u>VIRANA</u>   Look around. (points to Fang) We made all this by making smart decisions, not **emotional** ones. We are safe. Our **canal** protects us from those monsters. I don't think it's wise to risk yourself when you don't have to.

<u>NAMAARI</u>   But you heard the General - we're **running out of** space, we need to expand. If we had all the gem pieces, we could do that safely. You're right.

<u>NAMAARI</u>   This isn't an emotional decision, it's the only decision we can make to **secure** Fang's future.

Virana thinks it over.

<u>VIRANA</u>   Namaari, you're truly growing into the leader I **raised** you to be. (to the General) General Atitaya, ready the royal army for my daughter's **command**.

<u>NAMAARI</u>   Thank you, Mother. **I won't let you down.** ❷

비라나 뭐라고?

나마리 제가 왕실 군대를 이끌고 척추의 땅에서 그 아이를 막도록 하겠습니다.

비라나 글쎄. 그 애가 척추의 땅으로 간다면 막을 필요도 없을 것 같은데.

나마리 그녀는 어머니가 생각하시는 것보다 더 능력이 있습니다. 그녀를 막아야 해요.

비라나가 딸의 분노를 느낄 수 있다.

비라나 따라 오너라.

비라나가 나마리를 발코니로 데리고 간다.

비라나 보렴. (송곳니의 땅을 가리키며) 우리는 현명한 결정을 내리면서 이 모든 것을 만들어 냈어. 감정에 휘둘리는 결정이 아니었단다. 우린 지금 안전해. 운하가 괴물들로부터 우리를 지켜 주고 있어. 네가 그럴 필요가 없는데 위험을 자초하는 건 현명하지 못한 짓이야.

나마리 하지만 장군의 말을 들으셨잖아요 – 우리는 공간이 부족하고 영토를 넓혀야 해요. 우리가 젬 조각을 다 가지고 있으면 안전하게 그 일을 할 수 있죠. 어머니 말씀이 맞아요.

나마리 이건 감정에 휘둘린 결정이 아니에요. 송곳니의 미래를 보장해 줄 수 있는 유일한 결정이에요.

비라나가 곰곰이 생각한다.

비라나 나마리, 드디어 내가 바라는 모습의 지도자가 되었구나. (장군에게) 아티타야 장군, 내 딸이 이끌어 갈 왕실 군대를 준비시키시오.

나마리 감사합니다. 어머니. 실망시켜 드리지 않겠어요.

---

intercept 막다, 방해하다

capable 능력이 있는

emotional 감성적인

canal 수로

run out of ~이 없어지다, 다 써버리다

secure 보장하다

raise 키우다

command 명령

❶ **Walk with me.** 따라 오너라.
상대방과 같이 걸어가면서 담소를 나누고자 할 때 쓰는 말이에요. Follow me. (따라 와)는 나를 따라 함께 이동하자는 의미예요.

❷ **I won't let you down.**
실망시켜 드리지 않겠어요.
'실망시키지 않겠어요'라는 뜻으로 상대방의 기대에 꼭 부응하겠다고 다짐하는 말이에요. I'm sorry I let you down.는 '실망시켜 드려서 죄송해요'라는 뜻입니다.

Kumandra Is a Fairy Tale
쿠만드라는 동화일 뿐이야

🎧 19.mp3

EXT. SHRIMP BOAT – DAY
Noi and the Ongis **shove** as much congee and **condiments** into their mouths as they can. Boun chases them off!

BOUN (to Ongis) Hey! Stop eating!

The Ongis **knock** hot sauce into Tuk Tuk's **plate**. He eats and immediately knocks Raya over to get to the side of the ship.

RAYA Sorry, Buddy. I got this.

Raya walks over to Boun, Noi, and the Ongis fighting with each other.

BOUN Did you just throw a shrimp at me? That's not even **edible**! **Don't look at me like that, you fuzzy garbage can.**❶

RAYA (smiles) Hey, guys. Do you want to play **hide and seek**?

Noi and the Ongis nod yes.

RAYA Alright, ready? One, two...

They run away and hide. Raya stops counting and walks away.

BOUN (whispers) Thanks.

RAYA Two and a half... Three... (to Sisu) **Remind** me to never have kids.

실외. 새우 배 – 낮
노이와 엉기들이 죽과 양념들을 입안으로 마구 집어넣고 있다. 분이 그들을 쫓아내려고 한다!

분 (엉기들에게) 야! 그만 먹어!

엉기들이 툭툭의 그릇에 핫 소스를 쏟아버린다. 툭툭이 그것을 먹고 황급히 라야를 밀치며 배의 옆쪽으로 달려간다.

라야 미안해, 친구. 내가 해결할게.

라야가 티격태격하고 있는 분과 노이, 엉기들에게 다가간다.

분 방금 나한테 새우를 던진 거야? 그건 먹을 수도 없는 거야! 날 그렇게 보지 마, 털북숭이 쓰레기통 같으니라고.

라야 (미소를 지으며) 이봐, 애들아. 숨바꼭질할래?

노이, 엉기들이 고개를 끄덕인다.

라야 자, 준비됐니? 하나, 둘…

그들이 황급히 달아나서 숨는다. 라야, 숫자 세기를 멈추고 걸어간다.

분 (작은 목소리로) 고마워요.

라야 둘에 반… 셋… (시수에게) 나한테 절대 애를 갖지 말라고 나중에 꼭 말해 줘요.

---

shove 밀어 넣다
condiment 양념
knock 쓰러뜨리다
plate 그릇
edible 먹을 수 있는
hide and seek 숨바꼭질
remind 생각나게 하다

❶ **Don't look at me like that, you fuzzy garbage can.**
날 그렇게 보지 마, 털북숭이 쓰레기통 같으니라고.
Don't ~ like that.은 상대방의 말투나 행동이 못마땅해서 지적할 때 쓰는 표현이에요. Don't eat like that. (그렇게 먹지 마) Don't talk like that. (그렇게 말하지 마)와 같이 쓸 수 있어요.

SISU-HUMAN	Being people is hard.	시수-인간 인간이 되는 건 힘든 거구나.
RAYA	(to Sisu) Yep. (over her shoulder) Six... seven...	라야 (시수에게) 그럼요. (어깨 너머로) 여섯… 일곱…
SISU-HUMAN	You have small heads, no tails, you lie to get what you want. Like the Talon Chief back there.	시수-인간 너희들은 머리도 작고, 꼬리도 없고, 원하는 것을 얻기 위해서 거짓말도 하잖아. 발톱의 땅 족장처럼 말이야.
RAYA	Yeah well, the world's broken, you can't trust anyone.	라야 네, 세상이 분열되고서는 아무도 믿을 수 없게 되었죠.
SISU-HUMAN	Or maybe the world's broken BECAUSE you don't trust anyone.	시수-인간 아마 아무도 믿을 수 없어서 세상이 분열되었을지도 모르지.
RAYA	(**wistful**) You sound just like my ba.	라야 (아쉬운 마음으로) 우리 바와 똑같은 말을 하네요.
SISU-HUMAN	Well, he sounds like a smart man.	시수-인간 그렇다면, 참 현명한 분이신 것 같구나.
RAYA	Yeah. He was. I really wanted to believe him. I really wanted to believe that we could be Kumandra again.	라야 네, 그러셨죠. 아빠 말을 정말 믿고 싶었어요. 우리가 다시 쿠만드라가 될 수 있을 거라고 정말 믿고 싶었어요.
SISU-HUMAN	And we can.	시수-인간 우리는 그렇게 될 수 있어.

바로 이 장면! *

RAYA	**Literally** thousands of people turned to stone would argue **otherwise**.	라야 진짜 돌로 변한 수천 명의 사람은 다르게 생각할 거예요.
SISU-HUMAN	That doesn't mean you shouldn't try.	시수-인간 그렇다고 그런 노력을 멈출 수는 없지.
RAYA	And I did. And you know what happened? I got kicked in the back by someone who gave me a "gift" - Look around. We're a world of **orphans** because people **couldn't stop fighting** over a gem.	라야 저도 노력했다고요. 그런데 무슨 일이 일어났는지 아세요? 내게 '선물'이란 걸 준 사람에게 뒤통수를 단단히 얻어맞았죠. 주변을 살펴보세요. 사람들이 젬을 차지하겠다고 싸움을 계속하면서 이 세상은 고아들로 넘쳐나게 되었어요.

---

wistful 애석해(아쉬워)하는
literally 말 그대로
otherwise 그렇지 않으면, 와는 다르게
orphan 고아
can't stop -ing ~하는 것을 멈출 수 없다

Wanna know why other dragons didn't come back? Because people don't **deserve** them.

SISU-HUMAN But you can change that.

RAYA I am done trying. Kumandra is a **fairy tale**. The only thing important to me now is **bringing** my ba **back**.

왜 다른 드래곤들이 돌아오지 않았는지 아세요? 사람들이 드래곤과 함께할 자격이 없기 때문이에요.

시수-인간 하지만 네가 그걸 변화시킬 수 있잖아.

라야 전 이제 노력하지 않아요. 쿠만드라는 동화 속 이야기일 뿐이에요. 제게 지금 중요한 일은 바를 되찾는 거예요.

The ship comes to a stop.

BOUN Um... I think we're in Spine.

Revealing the **imposing structure** of Spine. Suddenly, Sisu **pops out of** the ship, **storms** up the beach-side. In her arms, she carries a large pot of Boun's congee.

RAYA Sisu!!!

BOUN Hey! My congee!

RAYA (to Boun) Don't go anywhere. **I'll be right back.**❶

Raya leaps off the ship with her gem satchel and sword.

배가 멈춘다.

분 음… 척추의 땅에 다 온 것 같아요.

척추의 땅의 웅장한 모습이 드러난다. 갑자기, 시수가 배에서 내려 해안가로 달려간다. 그녀의 팔에는 분의 죽이 담긴 큰 냄비가 들려 있다.

라야 시수!!!

분 이봐요! 내 죽!

라야 (분에게) 아무 데도 가지 마. 곧 올게.

라야가 젬이 든 가방과 검을 가지고 배에서 뛰어 내린다.

---

deserve ~ 할 자격이 되다
fairy tale 동화
bring ~ back ~을 돌려주다, 다시 데려다주다
imposing 인상적인
structure 구조물
pop out of ~ 에서 뛰어나가다
storm 달려가다

❶ **I'll be right back.**
곧 올게.
보통 I'll be back.으로도 많이 쓰는데, right (즉시, 곧바로)를 넣어 '금방, 바로' 오겠다고 강조했습니다. 간단하지만 일상생활에서도 자주 사용하는 표현입니다.

The Frightening Spine Warrior

무서운 척추의 땅 전사

🎧 20.mp3

Chyron: SPINE

자막: 척추의 땅

EXT. SPINE VILLAGE – DAY
Sisu carries a pot of food up the hill...

실외. 척추의 땅 마을 – 낮
시수가 음식이 든 냄비를 들고 언덕으로 올라가는
데…

RAYA   Sisu! Come back! Please. What are you doing?

라야   시수! 돌아와요! 제발. 뭐 하는 거예요?

SISU-HUMAN   I'm going to show you that you're wrong!

시수-인간   네가 틀렸다는 걸 보여 주겠어!

RAYA   How? By getting **squashed** by **a bunch of** Spine **rage**-heads?

라야   어떻게요? 분노가 가득한 척추의 땅 사람들
에게 짓밟히면서 말인가요?

SISU-HUMAN   No. By **proving** to you that if you want to get someone's trust, you have to give a little trust first.

시수-인간   아니. 누군가의 신뢰를 얻으려면 네가
먼저 조금이라도 신뢰해야 한다는 사실을 증명해
보이면 되잖아.

Sisu walks right up to the Spine village gates and starts knocking.

시수가 척추의 땅 마을 성문으로 걸어가서 두드리
려는데.

RAYA   Sisu, don't!

라야   시수, 하지 말아요!

Suddenly, a **burlap sack swoops** from above and traps Raya and Sisu inside.

갑자기, 포대 자루가 위에서 날아와 라야와 시수를
그 안에 가둬 버린다.

SISU-HUMAN   **In hindsight**, maybe I was a little **hasty**. But... who's hungry? No? I'll leave you alone.

시수-인간   이제 보니 내가 너무 성급했던 것 같
네. 하지만… 배고픈 사람? 아무도 없어? 알았어.
안 괴롭힐게.

INT. TONG'S CABIN – NIGHT
Raya and Sisu are alone, tied up, **dangling from** a wooly **mammoth tusk**. From Raya's POV, we see her sword **nearby**.

실내. 텅의 오두막집 – 밤
라야와 시수만 홀로 있다. 몸이 묶인 채 털이 많은
매머드 상아 끝에 매달려 있다. 라야의 시선으로
바라본 화면, 근처에 라야의 검이 보인다.

---

squash 짓밟다
a bunch of 몇몇의
rage 분노
prove 입증(증명)하다
burlap sack 포대 자루
swoop 위에서 덮치다
in hindsight 다시 보니
hasty 성급한

dangle from ~에 매달리다
mammoth 매머드
tusk 상아
nearby 근처

| RAYA | (to herself) Okay… Where are we? | 라야 (혼잣말로) 자… 여기가 어디지? |

| SISU-HUMAN | Interesting choice of **digs**. | 시수—인간 흥미로운 공간이군. |

Suddenly the doors of the **cabin** open. The silhouette of a large **barbarian** (TONG) stands there, **axe** in hand.

갑자기 오두막의 문이 열린다. 덩치가 큰 야만인 (텅)의 형체가 거기에 서 있다. 손에 도끼를 들고 서 있다.

바로 이장면!

| TONG | You two must be **dung** of brain to think you could steal Spine's dragon gem. | 텅 척추의 드래곤 젬을 훔칠 수 있다고 생각하다니 참 멍청한 놈들이구나. |

He **slams** his axe into the wall.

그가 도끼를 힘차게 던지자 벽에 꽂힌다.

| RAYA | Gem? Who said anything about gems? We have no interest in gems. | 라야 젬이라뇨? 누가 젬에 대해서 뭐라고 하던가요? 우린 젬에는 전혀 관심이 없어요. |

Tong drops gems from Raya's satchel.

텅이 라야의 가방에 든 젬을 떨어뜨린다.

| RAYA | Okay, yeah. I can see how that makes me look like a **liar**. | 라야 네, 알았어요. 저것 때문에 제가 거짓말쟁이처럼 보일 거예요. |

| SISU-HUMAN | Actually, I think it was the lying that made you look like a liar. | 시수—인간 실은, 네가 거짓말을 하니까 거짓말쟁이처럼 보이는 것 같은데. |

Tong starts **maniacally** laughing.

텅이 미친 듯이 웃기 시작한다.

| SISU-HUMAN | I'm not sure what's funny. | 시수—인간 뭐가 재미있는 건지 모르겠네. |

| TONG | Your fear is like a **delectable nectar feeding** the **tum tum** of my soul. It's good. It tastes like… mango. | 텅 너희들의 두려움은 내 영혼의 배를 채우는 맛있는 꿀과 같은 거지. 아주 맛있어. 마치… 망고 맛이 난다고 할까. |

| SISU-HUMAN | Ooo, I love mango. | 시수—인간 오오, 나도 망고가 좋아요. |

---

dig 공간
cabin 오두막
barbarian 야만인
axe 도끼
dung 똥
slam 던지다
liar 거짓말쟁이
maniacally 미친 듯이

delectable 맛있는
nectar 꿀
feed 먹이다
tum tum 배 (= tummy)

TONG	(gets in Sisu's face) OF COURSE YOU LOVE MANGO! Only a tongue-less **cretin** wouldn't.	텅 (시수의 얼굴에 바짝 접근해서) 물론 망고를 좋아하겠지! 혀가 없는 멍청이들 빼곤 다 좋아해.
SISU-HUMAN	Oh toi.	시수-인간 오, 세상에.
TONG	It's been such a long time since I've last peered into the eyes of a **trembling** enemy.	텅 두려움에 떠는 적의 눈을 쳐다본 지도 꽤 오래 되었군.
TONG	(contemplates the time) **Where has the time gone?**❶ It's been so long...	텅 (시간을 생각하며) 시간이 벌써 이렇게 지났나? 너무 오래전이라…
SISU-HUMAN	(to Raya) He seems lonely.	시수-인간 (라야에게) 저 사람 외로운가 봐.
TONG	NO! I'm not lonely. I'm a Spine warrior, I was born and **bred** to do only one thing - to **invoke** fear and to **crush** the **skulls** of my enemies.	텅 아니야! 난 외롭지 않아. 난 척추의 땅 전사야. 난 오직 한 가지 임무를 위해 태어나고 자랐지. 그건 바로 두려움을 불러일으키고 적들의 머리를 깨부수는 거야.
SISU-HUMAN	That's actually two things.	시수-인간 그러면 두 가지 임무죠.
TONG	RWAR!!!	텅 으아!!!
SISU-HUMAN	Ah!	시수-인간 아!
TONG	Hehe. Look at your face.	텅 하하. 참 꼴 좋군.
RAYA	Hey. What do you plan on doing with us?	라야 이봐요. 우리를 어떻게 할 건가요?
TONG	Oh, it's going to be bad. Horrifying. **It'll take me two weeks to clean up.**❷	텅 오, 아주 안 좋을 거야. 끔찍하지. 치우는 데만 2주 걸릴 거야.
RAYA	You have no idea, do you?	라야 잘 모르는 거죠, 그렇죠?

---

cretin 멍청이
trembling 떨다
contemplate 생각하다
breed 키우다 (bred-bred)
invoke 불러일으키다
crush 으스러뜨리다
skull 두개골, 머리

❶ **Where has the time gone?**
시간이 벌써 이렇게 지났나?
직역하면 '시간이 어디로 가버렸지?'라는 의미로 시간이 매우 빨리 지나가 버렸다고 한탄하는 말이에요.

❷ **It'll take me two weeks to clean up.** 치우는 데만 2주 걸릴 거야.
〈It takes me + 시간 + to부정사〉는 '내가 ~하는 데 (시간이) 걸리다'라는 뜻으로 시간의 경과를 말할 때 자주 쓰는 패턴이에요.

TONG Yes I do! I'm **formulating** this **gruesome** plan in my head of... It makes me sick just thinking about it. You just wait. Until then... (looks at them dangling) ... why don't you just hang around? Good one, huh? Hehe.

Suddenly Tuk Tuk **smashes** through the front door as - Boun, Noi, and the Ongis **leap off** of him onto Tong. Tong is immediately **subdued**, gets tied up. Noi hisses.

TONG A little one?

SISU-HUMAN Alright!

Boun cuts Raya and Sisu free.

RAYA Good work, Captain Boun.

Boun however is **concerned** about something else.

BOUN Fang's here.

RAYA What?

NAMAARI (O.S.) People of Spine –

텅 아니야! 내 머릿속으로 이 소름 끼치게 잔인한 계획을 세우고 있어… 그 생각만 해도 속이 메슥거리네. 두고 봐. 그때까지… (그들이 매달려 있는 것을 보고) … 그냥 매달려 있는 건 어때? 재미있는 농담이지, 그렇지? 하하.

갑자기 툭툭이 앞문을 부수고 나타난다 그리고 – 분과 노이 그리고 엉기들이 내려와 텅에게 달려든다. 통은 즉시 제압되고 밧줄에 묶인다. 노이가 '쉬익' 소리를 내며 위협한다.

텅 아기잖아?

시수-인간 잘했어!

분이 줄을 끊고 라야와 시수가 풀려난다.

라야 잘했어, 분 선장.

그런데 분은 다른 걱정을 한다.

분 송곳니 부족이 여기에 왔어요.

라야 뭐라고?

나마리 (화면 밖) 척추의 땅 부족들이여 –

formulate 만들어 내다
gruesome 잔인한
smash 박살 내다, 부딪치다
leap off 뛰어내리다
subdue 진압하다
concerned 걱정하는

Namaari Meets the Last Dragon
나마리가 마지막 드래곤을 만나다

🎧 21.mp3

EXT. SPINE VILLAGE – CONTINUOUS
Fang soldiers are on the outside gates of Spine.

실외. 척추의 땅 마을 – 계속
송곳니 군사들이 척추의 땅 성문 밖에 서 있다.

NAMAARI   We are hunting for Raya, a **fugitive** from Heart. Send her out or we're coming in!

나마리   우리는 심장의 땅 탈주자 라야를 찾고 있다. 그녀를 내보내라. 아니면 우리가 쳐들어가겠다!

INT. TONG'S CABIN – CONTINUOUS
Raya looks out the door and sees stone Spine people all around.

실내. 텅의 오두막집 – 계속
라야가 문밖을 내다보니 주변에는 돌로 변한 척추의 땅 사람들뿐이다.

RAYA   You're the only one here?

라야   여기 당신 혼자만 남았나요?

TONG   My people battled the druun **with** much **valor**... but lost.

텅   우리 부족이 용감하게 드룬과 싸웠지만… 패하고 말았지.

She looks into Tong's cabin and spots... an empty **crib**. She looks over at Tong. She realizes what's **at stake**, makes a decision.

라야가 텅의 오두막을 둘러본다. 그리고… 텅 빈 아기 침대를 발견한다. 그녀가 텅을 바라본다. 라야는 무엇이 위태로운지 깨닫고 결정 내린다.

바로 이장면!

RAYA   (thinks) Okay, the Fang gang's here for me, not for you. So if I can **distract** them, you guys can get out of here.

라야   (생각하며) 좋아요. 송곳니 패거리들은 당신들이 아니라 날 잡으러 왔어요. 내가 그들의 관심을 돌릴 수 있으면 여러분들은 여기서 빠져나갈 수 있어요.

SISU-HUMAN   You're gonna fight an entire army?

시수-인간   너 혼자 저 군대와 맞서 싸우겠다는 거야?

RAYA   No, I'm just gonna **stall** them. Look, **I know how to push Namaari's buttons.**❶ Once you guys are clear, I'm out of there. (to Tong) What's your name?

라야   아뇨, 그냥 그들을 붙잡아 두는 것뿐이에요. 전 어떻게 나마리를 화나게 하는지 알아요. 당신들이 빠져나가면, 나도 도망갈 거예요. (텅에게) 이름이 뭐죠?

TONG   The **moniker** given to me is Tong.

텅   텅이라고 불리지.

---

fugitive 탈주자, 도망자
with valor 용맹하게
crib 아기 침대
at stake 위태로운
distract 관심을 돌리다
stall 지연시키다
push one's buttons 화나게 하다
moniker 이름, 별명

❶ **I know how to push Namaari's buttons.**
전 어떻게 나마리를 화나게 하는지 알아요.
화가 난다는 뜻으로 속된 말로 '뚜껑이 열린다'라는 표현을 쓰죠? 영어에서는 push one's buttons라는 표현이 이와 비슷한 것 같아요. push one's buttons는 '화나게 하다'라는 뜻인데 buttons라고 복수 형태로 써야 해요.

RAYA	(to Tong) Okay, Tong, look, you don't know me, I don't know you. But I'm sure that you know a back door or way outta here and it's really important that my friends stay safe. Okay? So, I am **sincerely** asking you, will you help us? Please.	라야 (텅에게) 알았어요. 텅. 당신은 날 모르고 저도 당신을 잘 몰라요. 하지만 당신이 뒷문이나 여기를 빠져나갈 길을 알고 있다고 확신해요. 내 친구들의 안전이 정말 중요해요. 알겠어요? 그러니까 정말 간절히 부탁드려요. 도와주실 거죠? 제발.
	He nods.	그가 고개를 끄덕인다.
	EXT. SPINE GATES Raya **takes a** deep **breath**.	실외. 척추의 땅 성문 라야가 크게 심호흡한다.
RAYA	Okay. **Note to self:**❶ don't die.	라야 알았어. 명심해: 절대 죽지 마.
	Raya puts on her hat.	라야가 모자를 쓴다.

	ON THE OTHERSIDE OF THE GATE. Namaari is still waiting for a **response**.	성문의 반대쪽. 나마리가 대답을 기다리고 있다.
NAMAARI	(**commands**) Burn them out.	나마리 (명령을 내리며) 다 태워버려.
	The soldiers aim their flaming cross-bows. However... The giant gates of Spine open. All the Fang Soldiers **lower** their arrows as... Raya, alone, armed with only her sword, walks out.	군인들이 불이 타오르는 석궁을 겨냥한다. 그런데... 척추의 땅 거대한 성문이 열린다. 송곳니의 군인 모두가 화살을 내린다. 그리고... 손에 검만 들고 있는 라야가 혼자 걸어 나온다.
RAYA	Hey there, princess **undercut**, fancy meeting you here.	라야 안녕, 짧은 머리 공주. 여기서 만나서 반가워.
NAMAARI	You and those dragon gem pieces are coming with me.	나마리 너와 그 드래곤 젬 조각들은 나와 함께 가야겠어.
RAYA	My sword here says we're not.	라야 내 검이 안 가겠다고 하는데.
	All the Fang soldiers **raise** their weapons.	송곳니의 군인들이 무기를 든다.

sincerely 간절히

take a breath 숨을 들이마시다

response 대답, 반응

command 명령하다

lower 내리다

undercut 언더컷 (옆쪽을 밀어버린 머리 스타일)

raise 들어 올리다

❶ **Note to self:**
나에게 쓰는 메모(노트)
단어 그대로 해석하면 '자신에게 쓰는 메모'가 되죠? 중요한 사실을 잊어버리지 않겠다는 의미로 쓰는 표현이에요. 스스로 뭔가를 되김히며 '기억해, 잊지 마'라는 의미로 쓰는 거죠.

RAYA   Yeah, I knew you couldn't handle rolling solo. You're nothing without your band.

Did Raya's **bluff** not work? Namaari's hand finally signals her man to stop.

NAMAARI **Stand down.** This shouldn't take long.

Raya smiles. She got she wanted. The two women go at it. It's a martial arts fantasia, as our Luke Skywalker battles with our movie's Darth Vader. With everyone watching the fight, Raya is able to clock Tong, Sisu, and the kids start to escape. Raya goes back to the fight and disarms Namaari.

RAYA   Didja need that, dep la?

Namaari kicks Raya's sword out of her hands. This is an **evenly** matched fight.

NAMAARI Nah.

RAYA   Looks like somebody's been taking classes.

Raya charges and throws her signature move (a 540 kick). ... but Namaari catches it in mid-air. Namaari **smirks** and **lets loose** a **flurry** of blows. She finally **lands a hit**.

NAMAARI Why are you stealing gem pieces?

Raya clocks Tong and the gang escaping from the cabin.

RAYA   Oh, I'm just trying to get a matching set.

Namaari knocks Raya down again...

RAYA   (through **gritted teeth**) You didn't happen to bring Fang's gem, did you?[1]

라야   그래, 네가 혼자서 해결하지 않을 거라고 예상했어. 넌 군대가 없으면 아무것도 아니잖아.

라야의 허풍이 잘 먹히지 않은 걸까? 마침내 나마리가 군인들에게 멈추라고 손짓을 한다.

나마리   다들 물러서. 오래 걸리지 않을 거니까.

라야가 씩 웃는다. 원했던 대로 된 것이다. 두 여자가 싸움을 시작한다. 스타워즈에 나오는 다스 베이더와 루크 스카이워커의 격투 장면처럼 무예가 난무하는 장면이다. 모든 사람이 이들의 싸움을 지켜보는 가운데 라야는 팅과 시수 그리고 아이들이 탈출하는 것을 볼 수 있다. 라야가 싸움을 재개하고 나마리의 무기를 떨어뜨린다.

라야   그게 필요하지 않나, 친구?

나마리가 발차기로 라야의 검을 손에서 떨어뜨린다. 팽팽한 싸움이다.

나마리   아니.

라야   수업 좀 받으셨나 봐.

라야가 달려들면서 그녀의 필살기를 날린다(540도 회전 킥). ... 하지만 나마리가 공중에서 이를 막는다. 나마리가 씩 웃으며 사정없이 강타를 날린다. 크게 한 방을 날려 라야를 쓰러뜨린다.

나마리   왜 젬 조각들을 훔치는 거지?

라야는 팅과 일행들이 오두막에서 빠져나가는 것을 본다.

라야   오, 그냥 세트로 수집하려고.

나마리가 라야를 다시 쓰러뜨린다...

라야   (이를 악물고) 혹시 송곳니의 땅 젬을 가지고 오진 않았지, 그렇지?

---

bluff 허풍
Stand down. 물러서.
evenly 팽팽하게
smirk 씩 웃다
let loose 내뿜다
flurry 강풍
land a hit 쓰러지다
gritted teeth 꽉 다문 입

❶ **You didn't happen to bring Fang's gem, did you?**
혹시 송곳니의 젬을 가지고 오진 않았지, 그렇지?
happen to는 '우연히 ~하다, 혹시라도 ~하다'라는 뜻이에요. Did you happen to ~? 혹은 You didn't happen to ~, did you?는 '너 혹시 ~했니?'라며 상대방이 혹여 어떤 일을 했는지 물어보는 회화 패턴이에요.

Smack! Raya goes down again. Tong and company escape during the fight, but Sisu stops and looks back. She sees Raya on the ground, losing the fight.

RAYA   No? Never mind, I'll just **swing by** and **grab** it later.

That's enough - Namaari **reels** back for the final blow.

NAMAARI Oh, I'm going to enjoy this...

But she is **interrupted** by a blast of FOG. Sisu - in dragon form - scares away the other Fang soldiers. Tong, Boun, the Baby and Ongis run up and also see the dragon. She gets in Namaari's face and **roars**! But Namaari doesn't **flinch**, staring **in wonder** at Sisu. Sisu locks eyes with Namaari, it **rattles** her. Off Namaari, **heightened**, emotional, **in disbelief** of what she just saw. Tong and **company**, in awe. Raya gets up and runs to them.

RAYA   (approaches the team) Yep. She's a dragon. Let's go. Come on!

Sisu turns and **disappears**.

펙! 라야가 다시 쓰러진다. 텅과 일행들은 싸움이 벌어지는 동안 탈출하는데 시수가 멈춰 서서 뒤를 돌아본다. 라야가 싸움에서 지고 있는 듯 바닥에 쓰러져 있다.

라야 안 가져왔다고? 됐어, 내가 나중에 들러서 가져가겠어.

이제 끝내야겠다 – 나마리가 최후의 공격을 위해 뒤로 물러선다.

나마리 오, 이거 정말 재미있겠군...

이때 안개 때문에 나마리가 행동을 멈추게 된다. 드래곤의 모습을 한 시수를 보고 송곳니 군인들이 겁을 먹고 달아난다. 텅과 분, 아기 그리고 엉기들도 달려와 드래곤을 보게 된다. 그녀가 나마리의 얼굴에 바짝 다가가 포효한다! 하지만 나마리는 시수를 경의의 눈으로 바라보며 꼼짝도 하지 않는다. 시수가 나마리가 눈이 마주치는데 나마리가 당황한다. 나마리의 얼굴이 화면에 잡힌다. 방금 자신이 본 것을 믿지 못하겠다는 표정으로 감정이 고조된 모습이다. 통과 그 일행이 놀라움을 감추지 못한다. 라야가 일어나 그들에게 달려간다.

라야 (일행들에게 다가가며) 그래. 그녀는 드래곤이야. 가자. 어서!

시수는 돌아서서 사라진다.

---

smack 펙
swing by 들리다
grab 잡다
reel 뒤로 물러나다
interrupt 방해하다
roar 포효하다
flinch 움찔하다
in wonder 놀라서

rattle 당황하게 하다
heightened 감정이 고조된
in disbelief 믿을 수 없어
company 동료, 일행
disappear 사라지다

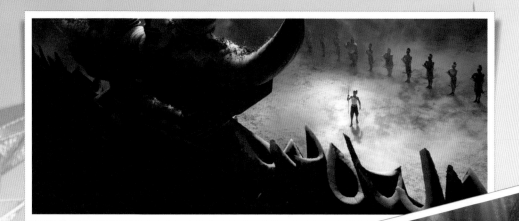

DISNEP
RAYA
AND
THE LAST DRAGON

A Fellowship to Defeat Drunn

드룬 퇴치 원정대

🎧 22.mp3

EXT. BOUN'S SHIP – LATER
The boat zooms down the river. As Raya looks at Spine **fades** in the background, a shrimp tail **smacks** her in the head.

RAYA   Did you just hit me with a shrimp tail?

BOUN   (agitated) When were you going to tell us she was Sisu?

RAYA   **Technically**, you always knew she was Sisu.

Sisu climbs **onboard**. Another shrimp tail hits Raya.

RAYA   Seriously?❶

바로 이장면!*

TONG   Why are you here, **divine** water dragon?

SISU   Isn't that **obvious**, big guy? My girl Raya and I are gonna fix the world - bring everyone back.

BOUN   You're gonna bring everyone back? I want to help.

RAYA   I'm sorry, I can't let you do that. It's too dangerous.

BOUN   You're not the only one who lost family to the Druun. (kneels) Please let me help you.

실외. 분의 배 – 잠시 후
배가 강을 따라 움직인다. 라야가 척추의 땅이 저 멀리 멀어지는 모습을 보고 있는데, 갑자기 새우 꼬리가 날아와 그녀의 머리를 맞춘다.

라야 방금 새우 꼬리로 날 맞힌 거야?

분 (화를 내며) 그녀가 시수라는 걸 언제 말해 주려고 했죠?

라야 엄밀히 말하면, 너도 그녀가 시수였다는 걸 알고 있었잖아.

시수가 배 위로 올라온다. 새우 꼬리가 또 라야를 맞힌다.

라야 계속 이럴 거야?

텅 신성한 물의 드래곤님, 여기에 오신 이유가 뭐죠?

시수 뻔한 거 아닌가, 덩치 양반? 내 친구 라야와 나는 세상을 바로 잡을 거야 – 모든 사람을 다 되돌려 놓는 거지.

분 모든 사람들을 다 되돌린다고요? 저도 돕고 싶어요.

라야 미안하지만, 내가 허락할 수 없어. 너무 위험해.

분 당신만 드룬에게 가족을 잃은 게 아니에요. (무릎을 꿇으며) 제발, 제가 돕게 해 주세요.

---

fade 희미해지다
smack 때리다
agitated 화가 난
technically 엄밀히
onboard 승선한
divine 신성한
obvious 명백한
kneel 무릎을 꿇다

❶ **Seriously?**
계속 이럴 거야?
앞에서 Seriously?는 '정말이야?'라는 뜻으로 놀람의 리액션 표현이라고 말씀드렸죠? 이 대사의 Seriously?는 상대방의 말이나 행동에 대해 불만을 가지고 따지는 표현이에요. '이럴 거니?', '뭐야?'라는 해석이 어울려요.

Noi and the Ongis kneel as well.

TONG   I too wish to join this **fellowship** of druun butt-kickery.

Tong kneels and **presents** the Spine Dragon gem. Sisu takes the gem and, her eyes **brighten**. Above them, water begins to fall.

SISU   My big brother Pengu's magic...

The team takes in the moment when... Sisu begins to run. Her feet **bound** onto **rain-drops** and she begins climbing into the heavens. We see her swoop around in circles, **do loops**, and dives. It's **magnificent**. Tuk Tuk catches raindrops on his tongue, Noi giggles, Tong laughs. Sisu climbs higher and higher into the rain, the clouds part and the sun **beams** down on her. - it's magical. Sisu flies back down from the clouds and dives into the water. Everyone **takes cover** from the giant splash behind Tong. He gets **soaked**. Sisu resurfaces and smiles at Raya, who warmly smiles back.

RAYA   Alright, Captain Boun. To Fang!

BOUN   You got it!

노이와 엉기들도 함께 무릎을 꿇는다.

텅   저도 드룬 퇴치 원정대와 함께하고 싶습니다.

텅이 무릎을 꿇고 척추의 땅 드래곤 젬을 건넨다. 시수가 젬을 받아 들자, 그녀의 눈이 밝아진다. 그들 위로 물이 떨어지기 시작한다.

시수   우리 오빠 펭구의 마법이야…

그들이 이 순간을 만끽하려는데… 시수가 달리기 시작한다. 발로 빗방울을 뛰어오르며 하늘로 올라가기 시작한다. 그녀가 원이나 올가미 모양으로 돌기도 하고 급강하기도 한다. 아주 멋진 모습이다. 툭툭이 혀로 빗방울을 받아먹는다. 노이가 키득거리고 텅 역시 크게 웃는다. 시수가 빗속으로 더 높이 올라가더니 구름이 갈라지고 햇빛이 그녀에게 비친다. - 마법과 같은 장면이다. 시수가 구름 사이에서 내려와서 물속으로 뛰어든다. 모두가 텅 뒤에 숨어 큰 물벼락을 피한다. 텅은 완전히 물에 젖는다. 시수가 다시 수면 위로 나오고 라야에게 미소를 짓는다. 라야 역시 따뜻하게 웃어준다.

라야   자, 분 선장. 송곳니의 땅을 향해서!

분   알겠습니다!

The boat **gently drifts** through the different **landscapes** of Kumandra - from temple ruins to **marshlands**.

배가 신전 유적지부터 습지대까지 쿠만드라의 다양한 풍경을 배경으로 부드럽게 움직인다.

---

fellowship 유대감, 동료애
present 전하다, 주다
brighten 밝아지다
bound 뛰어오르다
raindrop 빗방울
do loop 돌다
magnificent 장엄한
beam 비치다

take cover 피하다
soaked 흠뻑 젖은
gently 부드럽게
drift 떠가다, 이동하다
landscape 풍경
marshland 습지대

Plans to Get the Last Gem Piece

마지막 젬 조각을 얻기 위한 계획들

🎧 23.mp3

EXT. KUMANDRAN RIVER – DAY
A map wipes screen and slams down onto a table.

실외. 쿠만드라 강 – 낮
지도가 화면을 쓸어 내듯 나오더니 탁자 위에 펼쳐진다.

__RAYA__   Alright, everyone. Here's the plan.

라야 자, 여러분. 이게 계획이에요.

Spy music...

스파이 음악...

__RAYA__   The last gem piece is in Fang - the most **heavily** guarded of the five lands.

라야 마지막 젬 조각은 송곳니의 땅에 있어요 – 다섯 영토 중에서 경비가 제일 철통같은 곳이죠.

__RAYA__   (V.O.) Now, they're protected by an **artificial canal** that **separates** them from the rest of the world. The only way in or out is by water.

라야 (목소리) 자, 그들은 현재 인공 운하로 보호받고 있는데 이것 때문에 다른 세계와 단절되어 있죠. 유일한 출입구는 바로 물이에요.

EXT. FANG CITY & PALACE – NIGHT
An **aerial** shot of the city of Fang.

실외. 송곳니의 땅 도시와 궁궐 – 밤
송곳니의 땅 도시 전체를 보여 주는 화면

__RAYA__   (V.O.) Luckily for us, we have a magic water-dragon.

라야 (목소리) 다행스럽게도 우리에게는 마법의 물 드래곤이 있어요.

... Raya, Tong, Boun, Noi the Ongis, and Sisu-Human emerge from the water. The team **strolls** into the city, **undetected**. They approach the palace.

... 라야, 텅, 분, 노이, 엉기들, 인간 시수가 물속에서 나온다. 그들이 들키지 않고 도시 안으로 들어간다. 궁궐로 접근한다.

__RAYA__   (V.O.) Now, the palace will be **swarming** with Fang soldiers.

라야 (목소리) 이제, 궁궐에는 수많은 송곳니의 땅 군인들이 있을 거예요.

Zoom into a group of Fang Soldiers.

송곳니 군인들이 몰려 있는 곳으로 카메라 줌인

__RAYA__   To **sneak past** them, we'll need to–

라야 그들 몰래 지나가기 위해서 우리가 필요한 건–

Boun steps forward.

분이 앞으로 나온다.

---

heavily 심하게
artificial 인공의
canal 수로
separate 분리하다
aerial 공중의
stroll 천천히 걸어가다
undetected 들키지 않는
swarm 떼를 지어 다니다

sneak past 몰래 지나가다

BOUN　　I got this, guys.

FANTASY: The dozens of Fang soldiers come to Boun.

BOUN　　I'll take care of the first wave.

Boun takes out guards with **an** impressive **array of martial arts**.

BOUN　　Tong will follow up with his GIANT AXE OF BAD-AXERY!

Tong slams his axe down in a **fiery rage**!

INT. FANG PALACE – CONTINUOUS
The team runs into the palace...

BOUN　　And then come the Ongis and that crazy con-baby...

They **lunge at** Virana, taking the gem.

BOUN　　... who will **toss** the gem to THE MIGHTY SISUDATU... RAWWWRRR... and then...

Noi and the Ongis throw the last gem to Sisu.

BOUN　　Bye, bye, binturis –

A bright light **bursts out of** the gem, making the screen go white.

EXT. BOUN'S BOAT – DAY
Back to reality.

BOUN　　(smiles big at Raya) Super flow plan, am I right?

RAYA　　(**unamused**) Uh, no. Yeah, that's not **flow**. That's a **clog**.

분　내가 해결할게요, 여러분.

상상 화면: 송곳니의 땅 군인 수십 명이 분에게 모여든다.

분　첫 번째 장애물은 내가 해결하죠.

분이 놀라운 무술 실력을 연속으로 발휘하며 경비 병들을 쓰러트린다.

분　텅이 분노의 도끼질로 그 뒤를 따르죠!

텅이 불같이 화를 내며 도끼를 찍어 내린다!

실내. 송곳니 땅의 궁궐 – 계속
일행들이 궁궐로 뛰어들어간다…

분　그리고 엉기들과 미친 좀도둑 아기가 등장해요…

그들이 비라나에게 달려들어, 젬을 빼앗는다.

분　… 그리고 젬을 위대한 시수다투에게 던져주고… 으르러러렁… 그리고…

노이와 엉기들이 마지막 젬 조각을 시수에게 던진다.

분　잘 가, 빈투리들아 –

밝은 빛이 젬에서 터져 나오면서 화면이 하얗게 변한다.

실외. 분의 배 – 낮
다시 현실로 돌아와서.

분　(라야에게 활짝 웃으면서) 물 흐르듯 완벽한 계획이네요, 그렇죠?

라야　(재미없다는 듯) 아니, 완벽하지 않아. 꽉 막힌 계획이라고.

---

an array of 다수의
martial art 무예
fiery 맹렬한
rage 분노
lunge at ~에게 달려 들다
toss 던지다
burst out of ~에서 (갑자기) 하기 시작하다
unamused 심드렁한

flow 흐르다, 순환하다
clog 막힘, 방해물

SISU	I agree. Here's my plan!	시수	내 생각도 그래. 이게 내 계획이야!

FANTASY: a super **BUFF** Sisu.

상상 화면: 위풍당당한 시수가 화면에 등장한다.

SISU   (V.O.) We **infiltrate** Fang, **confront** Namaari…

시수 (목소리) 송곳니의 땅에 침투해서 나마리에 게 당당히 맞서는 거야…

Buff Sisu walks up to Namaari…

위풍당당한 시수가 나마리에게 다가간다…

SISU   (V.O.) (presents something nice) … **and offer** her something nice and go…

시수 (목소리) (멋진 선물을 주면서) … 그녀에게 뭔가 멋진 것을 주면서 이렇게 말하는 거지…

SISU   Hey. Want to help us save the world? Because all it takes is one gem piece! (gives her a present)

시수 이봐. 우리가 세상을 구할 수 있도록 도와주 지 않겠어? 젬 조각 하나만 있으면 되거든! (그녀 에게 선물을 준다)

NAMAARI   (voiced by Sisu) YES!!! I've been waiting for someone to ask me! (hands the gem over) Here ya go!

나마리 (시수의 목소리로) 물론이죠!!! 누가 그런 말을 해 주기를 기다리고 있었어요! (젬을 건넨다) 여기 있어요!

Sisu and Namaari **skip off** into the **sunset**.

시수와 나마리가 즐겁게 깡충깡충 뛰면서 석양이 지는 배경으로 사라진다.

NAMAARI   (voiced by Sisu) Best friends forever!

나마리 (시수의 목소리로) 우린 영원한 친구예요!

BACK TO REALITY. They all **blankly** stare at Sisu.

다시 현실로 돌아와서, 모두들 시수를 멍하게 바라 보고 있다.

바로 이장면!*

RAYA	Yeah, I think I'd rather go with Boun's plan.	라아	네, 분의 계획대로 하는 게 좋겠어요.
SISU	What?	시수	뭐라고?
BOUN	YES!	분	좋았어!
SISU	Why?	시수	왜?
RAYA	(duh) Because it's Fang.	라아	(뻔하다는 말투로) 왜냐하면 송곳니 부족이 니까.

---

buff 당당한
infiltrate 침투하다
confront 맞서다
offer 제공하다
skip off 깡충깡충 뛰며 가다
sunset 석양
blankly 멍하게

duh 흥 (몰라서 그러냐는 듯 남의 말(행동)을 탓할 때)

TONG	Their blades are specially designed for the **stabbing** of backs.	텅 그들의 칼날은 사람들의 뒤를 공격하도록 특별히 제작되었어요.
BOUN	If it weren't for them, none of this would have happened. They're the worst.	분 그들만 아니었으면, 이런 일도 일어나지 않았을 거예요. 그들이 제일 악질이에요.

Noi hisses.

노이도 화가 난 듯 식식거린다.

| SISU | If we're just honest with her, deep down, I got a feeling she wants to **fix** the world as much as we do. | 시수 우리가 그녀에게 마음 깊이 솔직해지면 그 애도 우리만큼이나 간절히 세상을 바로잡고 싶어 한다는 느낌이 들어. |
| RAYA | You weren't there when Namaari **betrayed** me. We're **sticking with** my plan. | 라야 나마리가 날 배신했을 때 당신이 거기에 없어서 그래요. 내 계획대로 하겠어요. |

Sisu **scowls**. More rain starts falling hard.

시수가 얼굴을 찌푸린다. 갑자기 비가 쏟아진다.

| RAYA | Whoa! Uh, **what's with the downpour?**❶ | 라야 왜! 어, 웬 소나기예요? |
| SISU | Come on. I need to show you something. | 시수 자, 보여 줄 게 있어. |

Sisu grabs Raya and leaps off the boat into the water and runs on rain into the **heavens**. Boun, Tong, and Noi watch them fly away.

시수가 라야를 붙잡고 배에서 강물로 뛰어내리더니 비를 타고 하늘 위로 달려간다. 분과 텅, 노이는 그들이 날아가는 모습을 바라본다.

| BOUN | So... what do we do now? | 분 그래서… 이제 어떻게 하죠? |

Tong **shrugs**.

텅이 잘 모르겠다는 듯 어깨를 으쓱한다.

---

stab 찌르다
fix 바로 잡다
betray 배신하다
stick with ~와 함께 있다
scowl 찌푸리다, 노려보다
downpour 소나기
heaven 하늘
shrug 어깨를 으쓱하다

❶ **What's with the downpour?**
웬 소나기예요?
What's with ~?는 '왜 ~한 거예요?'라는 뜻으로 어떤 일에 대한 이유를 물어볼 때 쓰는 말이에요. 또한 〈What's with + 사람?〉은 '~는 왜 그래요?'라는 뜻으로 그 사람에 대해 의아한 생각을 가지고 물어보는 말이랍니다.

Take the First Step of Trust

믿음의 첫발 내딛기

🎧 24.mp3

EXT. SKY (OVER HEART) – DAY
Sisu carries Raya through the air. Raya hugs onto Sisu **for dear life**.

RAYA   Where are you taking me?

Chyron: HEART
The cloud **parts** to see where Sisu is headed: Heart. Sisu flies them into the top of the temple opening. Raya's **eyes lock onto** the Heart bridge.

INT. CHAMBER OF THE DRAGON GEM – CONTINUOUS
The interior of the gem chamber has **crumbled**.

RAYA   Sisu, why did you bring me here?

SISU   This is where it all happened.

RAYA   (remembering) Yeah, I know. I was there.

SISU   No, this is where it all happened 500 years ago.

Sisu pulls down some **foliage** to reveal the dragon statues.

SISU   **I want you to meet my brothers and sisters.** ❶
The real **mighty** ones. I miss them.

Raya looks at the statues.

RAYA   I never knew they were here.

실외. 하늘 (심장의 땅 위) - 낮
시수가 라야를 데리고 하늘을 날고 있다. 라야는 필사적으로 시수를 꽉 끌어안는다.

라야 날 어디로 데려가는 거예요?

자막: 심장의 땅
구름이 갈라지며 시수가 향하는 곳이 보인다. 심장의 땅이다. 시수가 신전 꼭대기 쪽으로 날아 들어간다. 라야의 시선이 심장의 땅 다리에 고정된다.

실내. 드래곤 젬의 방 - 계속
젬의 방은 많이 허물어져 있다.

라야 시수, 왜 나를 여기에 데려온 거죠?

시수 바로 여기가 그 모든 일이 일어났던 곳이야.

라야 (기억하며) 네, 알아요. 저도 그때 있었죠.

시수 아니, 여기가 500년 전에 그 일이 있었던 곳이야.

시수가 나뭇잎들을 젖히자 드래곤 석상들이 보인다.

시수 내 형제자매들이야. 진정으로 위대한 존재들이지. 그들이 참 그리워.

라야가 석상을 바라본다.

라야 그들이 여기에 있었는지 몰랐어요.

---

for dear life 필사적으로
part 갈라지다
eyes lock onto 시선이 ~ 에 고정되다
crumble 허물어지다
foliage 나뭇잎
mighty 강력한

❶ **I want you to meet my brothers and sisters.**
내 형제자매들이야.
I want you to meet ~를 단어 그대로 해석하면 '네가 ~를 만나길 원해'가 되잖아요? 이 표현은 상대방에게 누군가를 소개하면서 '우리 ~ 야.'라는 뜻으로 하는 말이에요.

SISU	(points) See that **classy** looking one over there? That's Amba - I get my glow from her. And that's Pranee - she's the **shapeshifter**. Jagan - fog. And Pengu... he's our big brother. He brings the rain. (beat) We were the last dragons.		시수 (가리키며) 저기에 있는 세련된 드래곤 보이니? 암바야 - 내가 그녀에게서 광채를 얻게 되었지. 그리고 저건 프라니 - 변신할 수 있는 드래곤이야. 자간은 - 안개. 펭구는 - 큰 오빠야. 비를 가져다주지. (정적) 우리가 마지막 드래곤이었어.

FLASHBACK: Years ago. The four dragons and Sisu (who's much smaller than the others) are gathered right there - in the spot that will one day become the dragon gem chamber. They've been **cornered**. Druun are all **swirling** around them.

과거 회상 장면: 오래전. 드래곤 네 마리와 시수가 (다른 드래곤보다 체구가 아주 왜소하다) 바로 이 장소에 모여 있다 - 이곳은 나중에 드래곤 젬이 보관하는 공간이 된다. 그들이 궁지에 몰려 있다. 드룬이 그들을 사방으로 포위한다.

SISU	(V.O.) All the other dragons had been turned to stone. We were **drowning** in a sea of Druun.	시수 (목소리) 다른 드래곤들은 이미 돌로 변해 버렸지. 우리는 드룬의 거친 파도에 빠져 허우적대고 있었어.

Sisu sees an opening. CU on Pengu.

시수가 기회를 보고 있다. 펭구의 얼굴이 클로즈업 된다.

SISU	(V.O.) But my oldest brother, Pengu, refused to accept defeat. This is where we'd make our last stand, united.	시수 (목소리) 하지만 우리 큰 오빠 펭구는 패배를 인정하지 않았어. 이곳이 우리가 끝까지 맞서 싸울 곳이지. 하나로 뭉쳐서 말이야.

Pengudatu uses his powers to **conjure** a sphere of water.

펭구다투가 자신의 초능력을 발휘해서 물로 작은 공 모양의 물체를 만든다.

SISU	(V.O.) So, one by one, they combined all their magic, creating the dragon gem.	시수 (목소리) 그래서, 하나씩 자신의 마법을 결합해 드래곤 젬을 만들어 냈지.

Each of the dragons **concentrate** and place their magic into the gem, making it stronger. With the last power added, the water-sphere **solidifies** into a gem. The four dragons, with their hands on the gem, turn and look at Sisu.

각 드래곤들이 정신을 집중해서 자신의 마법을 모아 젬 안으로 넣는다. 젬이 더 강해진다. 마지막 마법이 더해지자, 물로 된 공이 젬으로 단단해진다. 드래곤 네 마리가 젬 위에 손을 올리고 고개를 돌려 시수를 바라본다.

바로 이장면!*

SISU	(V.O.) I don't know why they chose me. **It could have been any of us.**❶ All I know is I trusted them and they trusted me. And so...	시수 (목소리) 왜 그들이 날 선택했는지 모르겠어. 우리 중에 아무나 할 수 있었는데 말이야. 내가 알고 있는 건 난 그들을 믿었고 그들도 날 믿었다는 것뿐이야. 그래서…

---

classy 고상한
shapeshifter 변신을 하는 존재
cornered 코너에 몰린
swirl 소용돌이치다
drown 익사하다
conjure 주문을 외워 ~ 가 나타나게 하다
concentrate 집중하다
solidify 단단해지다

❶ **It could have been any of us.**
우리 중에 아무나 할 수 있었는데 말이야.
could have p.p는 '~했을 수도 있었는데'라는 의미로 과거에 이루어지지 못했던 일을 언급할 때 쓰는 표현이에요. 또한 '~할 수도 있었겠지'라며 과거 일에 대한 후회나 아쉬움을 표현할 수도 있어요.

The four dragons hand Sisu the gem. They immediately get turned to stone by druun. Sisu stares at the gem, takes a calming breath. And on an **exhale**... Boom.

네 마리의 드래곤이 시수에게 젬을 건넨다. 그들은 드룬으로 인해 곧바로 돌로 변한다. 시수가 젬을 바라보며 차분하게 숨을 들이마신다. 그리고 숨을 내쉬면서… 붐.

BACK TO THE PRESENT.

다시 현실로 돌아와서.

SISU   When they put their **faith** in me, it **empowered** me beyond anything I could imagine. The same can happen with Namaari.

시수   그들이 나를 신뢰하자 상상할 수 없을 만큼의 힘이 생긴 거야. 똑같은 일이 나마리에게 일어날 수도 있어.

RAYA   I really wish I could believe that. I once thought that we could be friends.

라야   나도 정말 그렇게 믿고 싶어요. 한때는 우리가 친구라고 생각했거든요.

SISU   After all this, maybe you can be.

시수   이 모든 일이 잘 끝나면 다시 그럴 수 있어.

RAYA   Even if she wanted to help us, how could I possibly trust her?

라야   만약 그녀가 우리를 돕고 싶다고 해도 어떻게 내가 그 애를 믿을 수 있죠?

SISU   But if somehow you could, you wouldn't just bring your ba back - you'd also **bring back** his dream. Kumandra.

시수   네가 그렇게만 한다면 그냥 너의 바만 돌아오는 게 아니야 – 그의 꿈도 다시 돌아오는 거야. 쿠만드라.

Raya looks at the bridge through a **crack** in the wall. match-cut to...

라야가 벽 틈 사이로 다리를 바라본다. 장면 전환이 되는데…

EXT. HEART BRIDGE – DAY
A flower being placed in the small pool of rain water that has **gathered** in Benja's stone hands.

실외. 심장의 땅 다리 – 낮
벤자 석상의 양손에 고여 있는 빗물 위에 꽃이 올려진다.

RAYA   Do you think he would even **recognize** me? So much has changed.

라야   아빠가 날 알아볼까요? 너무 많이 변했잖아요.

SISU   Of course he will.

시수   당연히 알아보실 거야.

RAYA   **You remind me of him.**❶

라야   당신을 보면 아빠 생각이 나요.

---

exhale 숨을 내쉬기
faith 믿음
empower 자격을 주다, 힘을 주다
bring back 되돌리다
crack 틈
gather 모이다
recognize 알아보다
remind 생각나게 하다

❶ **You remind me of him.**
당신을 보면 아빠 생각이 나요.
상대방을 보고 불현듯 누군가가 생각날 때가 있지 않으세요? You remind me of ~는 이럴 때 사용할 수 있는 표현인데 '당신을 보면 ~가 생각이 나요'라는 뜻이에요.

| SISU | Oh yeah? Strong, good-looking, with **impeccable** hair. | 시수 | 오 그래? 강하고, 멋지게 생겼고 머릿결도 완벽하단 말이네. |

RAYA **Hopeful.**

라야 희망을 품는 거요.

Raya touches her father's hand.

라야가 아빠의 손을 만진다.

RAYA How would I even **approach** Namaari after all that's happened?

라야 그런 일이 있었는데 나마리에게 접근이라도 할 수 있을까요?

SISU It may feel **impossible**. But sometimes you just have to take the first step even before you're ready. Trust me.

시수 불가능한 것처럼 보이겠지. 하지만 마음의 준비를 하기 전에 먼저 첫발을 내디뎌야 할 때도 있어. 날 믿어.

RAYA Okay. We'll go with your plan.

라야 알겠어요. 당신의 계획대로 해요.

SISU (surprised) What? My plan? You're gonna go with my plan?

시수 (놀라며) 뭐라고? 내 계획? 정말 내 계획대로 하는 거야?

RAYA (nods) Yeah.

라야 (고개를 끄덕이며) 네.

SISU ALRIGHT! You're not gonna **regret** this. But we're gonna need a really good gift. What do you think she's **into**? Cats? Knives? Cats with knives? Knives with little cats on them?

시수 좋았어! 절대 후회하지 않을 거야. 하지만 정말 좋은 선물이 필요한데. 걔는 뭘 좋아하는 것 같아? 고양이? 칼? 칼을 가진 고양이? 새끼 고양이 그림이 그려진 칼?

An idea hits Raya.

라야에게 좋은 생각이 떠오른다.

RAYA Actually, I know exactly what to give her.

라야 실은, 그 애에게 뭘 줘야 할지 정확히 알겠어요.

Raya **pulls out** the dragon **pendant**.

라야가 드래곤 목걸이 장식을 꺼낸다.

---

impeccable 흠잡을 데 없는
hopeful 희망에 찬, 기대하는
approach 접근하다
impossible 불가능한
regret 후회하다
be into ~ 를 좋아하다
pull out 꺼내다
pendant 목걸이 장식

Can We Trust Namaari?

나마리를 믿을 수 있을까?

🎧 25.mp3

EXT. FANG PALACE – DAY
Virana **narrates** a shadow **puppet show**.

실외. 송곳니의 땅 궁궐 – 낮
비라나가 그림자 인형극 놀이로 이야기를 들려준다.

VIRANA ... and that is how the land of Fang rose **in spite of** all the monsters that wanted to destroy us. Because we're smart, **resilient**, and we take care of one another.

비라나 … 그렇게 해서 송곳니의 땅 부족은 괴물들이 우리를 파괴하려고 했음에도 불구하고 번영을 이룰 수 있었지. 우리가 현명하고 시련에 굴하지 않으며 서로를 위하는 마음을 가졌기 때문이야.

Namaari **storms in**.

나마리가 갑작스럽게 들어온다.

NAMAARI Mother, we need to talk.

나마리 어머니, 드릴 말씀이 있습니다.

KID It's Princess Namaari!

아이 나마리 공주님이다!

All the kids cheer. Namaari smiles at the children. They **melt** for her.

아이들 모두 환호한다. 나마리가 아이들에게 미소를 짓는다. 아이들이 그녀를 매우 좋아한다.

VIRANA (laughs) Alright, alright. Now **run along**, kittens. I have to speak with the princess.

비라나 (웃으며) 좋아, 좋아. 이제 나가 놀아요, 우리 새끼 고양이들. 난 공주님과 할 이야기가 있으니까.

The children are **ushered away** by their parents. As soon as the children are out of Virana's **presence**, her face turns serious.

부모들이 아이들을 데리고 간다. 아이들이 사라지자 비라나의 표정이 심각해진다.

NAMAARI Mother, you won't believe what I saw –

나마리 어머니, 제가 굉장한 것을 목격했어요 –

VIRANA You saw a dragon.

비라나 드래곤을 봤다더구나.

Namaari's **taken aback**.

나마리가 놀란다.

---

narrate 이야기를 하다
puppet show 인형극
in spite of ~에도 불구하고
resilient 굴하지 않는
storm in 당당히 들어오다
melt (감정 등을) 누그러지게 하다
run along 나가 놀아라
usher away 데리고 가다

presence 알현, ~의 자리
taken aback 놀란

바로 이 장면!

VIRANA	General Atitaya **informed** me that you'd be returning home without the gem pieces.	비라나 아티타야 장군 말로는 네가 젬 조각을 손에 넣지 못하고 돌아왔다더구나.
NAMAARI	It was Sisu. She can fix what we broke. She can bring everyone back.	나마리 시수였어요. 그녀가 우리가 망친 것을 바로 잡을 수 있어요. 모든 사람을 되돌릴 수 있죠.

Virana overlooks the fang children playing in a nearby **courtyard**.

비라나가 근처 뜰에서 놀고 있는 송곳니의 아이들을 바라본다.

VIRANA	And that's what **scares** me. When everyone comes back, who do you think they'll come for? You forget, the other lands **blame** us for what's happened.	비라나 그게 바로 내가 두려워하는 거야. 모두가 돌아오면 그들이 누구를 탓할 것 같니? 잊었니 본데, 다른 부족들이 과거에 있었던 일에 대해 우리를 탓하고 있잖니.
NAMAARI	But we never meant for anyone to get hurt.	나마리 하지만 사람들을 다치게 하려는 의도는 아니었잖아요.
VIRANA	Yes, but if we had the dragon and the gem pieces, we would be **forgiven**. We could save the world. But more importantly, our people would remain safe.	비라나 그렇지. 하지만 우리가 드래곤과 젬 조각을 손에 넣으면 용서를 받을 수도 있어. 우리가 세상을 구하는 거니까. 하지만 더 중요한 건 우리 부족의 안전이야.
NAMAARI	Raya isn't just going to give Sisu to us.	나마리 라야는 순순히 시수를 내놓지 않을 거예요.
VIRANA	We're not going to give her a choice.	비라나 그 애에겐 선택권을 주지 않을 거야.
NAMAARI	What are you going to do?	나마리 어떻게 하시려고요?
VIRANA	**That's no longer your concern,**❶ my love. You've done enough.	비라나 더 이상 네가 걱정할 게 아니란다. 얘야. 넌 할 일을 충분히 했어.

Virana leaves with her General. Off Namaari, **heartbroken**.

비라나가 장군과 함께 자리를 뜬다. 나마리의 얼굴이 화면에 잡힌다. 상심한 표정이다.

EXT. FANG OUTSKIRTS – NIGHT
Raya, Sisu, and the rest of the team stand a beachside. Their eyes locked onto the skyline of Fang.

실외. 송곳니의 땅 외곽 – 밤
라야와 시수 그리고 나머지 일행이 해안가에 서있다. 그들의 시선이 송곳니의 땅 지평선에 머무른다.

---

inform 알려주다
courtyard 안뜰
scare 겁먹게 하다
blame 비난하다
forgiven 용서받은
no longer 너 이상 ~ 않는
concern 걱정
heartbroken 상심한

❶ **That's no longer your concern.**
더 이상 네가 걱정할 게 아니란다.
'이제 더 신경 쓰지 마라, 신경 꺼라, 너나
잘해'라는 의미로 비슷한 문장으로 (It's)
None of your concern. 을 쓸 수 있어요.
concern 대신 business를 쓸 수 있어요.

TONG	If she refuses to help, we've just **flushed** our **tactical advantage** into the **dung** pot.	텅 그녀가 협조를 거절한다면, 우리의 전술적 이점을 그냥 날리게 되는 거라고.
RAYA	I know.	라아 알아요.
BOUN	Yeah. She really has no reason to help us.	분 맞아요. 그녀가 우리를 도울 이유는 없죠.
RAYA	I know.	라아 알아.
SISU	(tries eating **jerky**) This jerky is terrible.	시수 (말린 음식을 먹으려 하며) 이 말랭이는 정말 끔찍해.
RAYA	I KNOW!	라아 나도 안다고요!
TONG	Are you sure those four **miniature menaces** will be successful?	텅 저 꼬마 악당 넷이서 확실히 해낼 수 있을까?
RAYA	I... don't know.	라아 나도… 잘 모르겠어요.

EXT./INT. FANG PALACE – NIGHT
A Fang Guard keeps watch as... From behind a wall, the eyes of Noi and the Ongis appear. They give each other a look. Ready? Let's go! One Ongi ties up the Guard's legs as another silently climbs onto his shoulder and - THWAP - judo-**chops** him on the neck, dropping him. They **infiltrate** the palace and **shuffle** down the dark hallways in military-like fashion. Suddenly, Noi holds up her little fist - stop! She clocks a plate of food and **signals** to it. The Ongis quietly **retrieve** the food. They continue **onward**, shoving the food in their mouths along the way.

실외/실내. 송곳니의 궁궐 – 밤
송곳니의 경비병이 보초를 서고 있는데… 벽 뒤에서 노이와 엉기들의 눈이 보인다. 그들이 서로에게 눈짓한다. 준비됐어? 가자! 엉기 하나가 경비병의 다리를 묶고 다른 한 마리가 그의 어깨 위로 올라가서 – 슉 – 하고 유도 동작으로 그의 목을 내리쳐 쓰러뜨린다. 그들이 궁궐로 잠입해서 군사 작전처럼 어두운 복도를 이리저리 움직인다. 갑자기 노리가 작은 주먹을 공중으로 들어올리며 멈추라는 신호를 한다. 음식이 담긴 접시를 발견하고 신호를 보낸다. 엉기들이 그 음식을 조용히 가져온다. 그들은 음식을 입에 털어 넣으며 계속 앞으로 나간다.

INT. NAMAARI'S CHAMBERS – NIGHT
Namaari sits at the edge of her bed. Namaari hears Ongi **chitters** coming from outside. She turns to the window.

실내. 나마리의 방 – 밤
나마리가 침대 가장자리에 앉아 있다. 나마리가 밖에서 엉기들이 재잘대는 소리를 듣는다. 그녀가 창문으로 고개를 돌린다.

NAMAARI Huh?

나마리 어?

The Ongis throw her a small tied up **bundle** and disappear. Namaari opens the bundle to find a note and... the dragon pendant.

엉기들이 그녀에게 작은 꾸러미를 던지고 사라진다. 나마리가 꾸러미를 펼치니 쪽지와 함께… 드래곤 목걸이 장식이 있다.

---

flush (변기의) 물을 내리다, 버리다	infiltrate 침입하다
tactical 전술적인	shuffle 황급히 움직이다
advantage 이점	signal 신호를 보내다
dung 똥	retrieve 가져오다
jerky 말린 음식	onward 앞으로
miniature 작은	chitter 재잘거리다
menace 위협적인 존재	bundle 꾸러미
chop 패다, 치다	

We Will Meet Our Family Again
우리는 가족들을 다시 만날 거야

🎧 26.mp3

INT. SHRIMP BOAT – NIGHT
The boat floats in a little **alcove** on the river, with Fang on the horizon. Raya sits at the end of the boat, looking up at the palace, deep in thought. Tong and Boun argue over a **simmering** pot which gets Raya's attention.

실내. 새우 배 – 밤
수평선 위로 송곳니의 땅이 멀리 보이고 배는 강가 수풀 구석에 있다. 라야가 배의 끝자락에 앉아 궁궐을 바라보며 깊은 생각에 빠져 있다. 텅과 분이 끓고 있는 냄비를 두고 논쟁하는데 라야가 그쪽으로 시선을 돌린다.

TONG There's too much **spice**.

텅 양념이 너무 많잖아.

BOUN Uh, no, there's too much bamboo.

분 어, 아니에요. 죽순이 너무 많아요.

TONG What do you know? You have the **tastebuds** of a tall baby.

텅 네가 뭘 안다고 그래? 키만 큰 아기 입맛 주제에.

BOUN Well, you dress like a tall baby.

분 음, 키 큰 아기처럼 옷을 입는 게 누군데요.

TONG Give me the spoon! I'm **taking over**!

텅 숟가락 줘! 내가 하겠어!

BOUN Back off **tidal wave**, I'm the professional here.

분 물러서요, 덩치 아저씨. 여기선 내가 선수라고요.

바로 이장면!*

Raya approaches, pulls some palm sugar from her pouch.

라야가 다가와서, 주머니에서 팜 슈거를 꺼낸다.

RAYA (**sprinkles** in the sugar) **May I?❶**

라야 (슈거를 뿌리면서) 내가 해도 될까?

Boun tastes the **broth**. It's delicious.

분이 국물 맛을 본다. 훌륭한 맛이다.

BOUN Whoa. That's good!

분 와. 정말 좋은데요!

RAYA It's just a little something my ba showed me.

라야 그냥 우리 바가 내게 보여준 거야.

---

alcove 우묵하게 들어간 공간
simmering 끓어오르는
spice 양념
tastebud 미뢰, 미각
take over 인계받다, 이어받다
tidal wave 해일, 높은 파도
sprinkle 뿌리다
broth 국물

❶ May I?
내가 해도 될까?
상대방에게 공손하게 어떤 행동을 해도 되는지 물어보는 표현이에요. 정석대로 하자면 May I ~? 뒤에 동사를 붙여야 하지만 어떤 행동을 하는 건지 명백한 경우에는 May I? 라고 짧게 말해도 돼요.

SISU   Aw. Did he also show you how to make that delicious jerky?

시수 아. 아빠가 그 맛이 기가 막힌 말랭이 만드는 법도 가르쳐 주신 거야?

Sisu gives Raya a bowl of soup.

시수가 라야에게 수프 한 사발을 건넨다.

RAYA   No, that was all me. It'll be nice to share a **meal** with him again.

라야 아뇨, 그건 제가 한 거예요. 아빠하고 다시 밥을 먹을 수 있으면 좋겠는데.

BOUN   I know what you mean. I have this really **obnoxious** sister who always **tussles** my hair. I can't wait to see her the most.

분 무슨 말인지 알아요. 내 머리에 대해서 항상 트집 잡는 짜증나는 누나가 있어요. 그 누나를 제일 보고 싶어요.

TONG   After we win the day, I look forward to filling my eyeball with the joy-**tastic** image of my village full again.

텅 우리가 승리한 뒤에 우리 마을이 사람들로 가득한 기쁜 광경을 내 눈에 꼭 담고 싶어.

*Noi, on Tong's shoulder, **babbles** - touches his face.*

텅의 어깨 위에 있는 노이가 옹알이하며 그의 얼굴을 만진다.

TONG   And you will be **reunited** with your family, Noi.

텅 그리고 너도 가족들 다시 만나는 거야, 노이.

RAYA   Um, what did you just call her?

라야 음, 방금 뭐라고 불렀어요?

TONG   Noi. It's her name. It's written on her collar. Have none of you ever checked?

텅 노이. 얘 이름이잖아. 옷깃에 적혀 있었어. 너희 그것도 확인 안 했니?

*Everyone is **guilty**.*

모두들 그렇지 않은 분위기이다.

TONG   And they think of me as the **ruffian**.

텅 이래도 다들 날 악당이라고 생각하지.

*A firework **goes off in the distance** and breaks the moment.*

저 멀리 폭죽이 터지자 다들 정신이 바짝 든다.

SISU   What's that mean?

시수 저건 무슨 의미지?

RAYA   It means we're on. (to Sisu) Sisu, until we get that gem and **confirm** Namaari's actually on our side, promise me you'll stay **hidden**.

라야 행동 개시라는 거죠. (시수에게) 시수, 우리가 젬을 확보하고 나마리가 우리 편이라고 확인할 때까지 제발 숨어 있어야 해요.

Sisu nods.

시수가 고개를 끄덕인다.

---

meal 식사
obnoxious 짜증나는
tussle 트집을 잡다, 싸우다
-tastic 아주 ~한, 최상의
babble (아기의) 옹알이, 와글와글
reunite 다시 함께하다
guilty 죄책감을 느끼는
ruffian 깡패

go off 터지다
in the distance 멀리서
confirm 확신하다
hidden 숨은

Sisu's Death
시수의 죽음

🎧 27.mp3

EXT. FANG CLIFFSIDE
Namaari stands alone, in her hands she holds the dragon pendant.
Raya emerges out of the **woods**, alone.

실외. 송곳니의 땅 절벽
나마리가 드래곤 목걸이 장식을 들고 혼자 서 있
다. 라야가 숲에서 나온다. 그녀도 혼자다.

RAYA   (**referring to** the pendent) I see you got my gift.

라야 (목걸이 장식에 대해 말하며) 내 선물을 받
은 것 같군.

바로 이장면!*

NAMAARI (staring at the pendent) I never thought I'd see
this again.

나마리 (장식을 바라보며) 이걸 다시 볼 거라곤
생각도 못 했어.

RAYA   Well, I tried to **take** good **care of** it.

라야 뭐, 잘 간직하려고 애썼지.

Namaari looks up at Raya.

나마리가 라야를 바라본다.

RAYA   You're not the only dragon nerd here.

라야 여기서 드래곤 덕후가 너만은 아니잖아.

Namaari takes out the Fang gem piece, places it on the rock, then
steps back. It's really here. Sisu-Dragon emerges from the woods,
her **eyes locked on** Namaari. Namaari bows.

나마리가 송곳니의 젬 조각을 꺼내, 그것을 바위에
놓고 뒤로 물러난다. 정말로 이게 여기에 있다니.
드래곤 모습의 시수가 숲에서 나오는데 그녀의 시
선은 나마리를 향하고 있다. 나마리가 인사한다.

SISU   (to Raya) The final piece.

시수 (라야에게) 마지막 조각이야.

RAYA   **Time to bring everyone back.**❶

라야 모두를 다시 회복시킬 시간이에요.

Raya opens her satchel, showing that she has the rest of the gems.
The **click** of a weapon being **armed**.

라야가 가방을 열자 나머지 젬 조각들이 보인다.
무기가 절컥하고 장전되는 소리가 들린다.

NAMAARI Sisu and the gem pieces are coming with me.

나마리 시수와 젬 조각들은 나와 함께 간다.

The rest of the gang emerge from the woods when they see Sisu in
danger.

나머지 일행들이 숲에서 나와 시수가 위험에 처한
것을 알게 된다.

---

woods 숲
refer to 언급하다
take care of 돌보다
eyes lock on 시선이 ~에 고정되다
click '찰칵' 하는 소리
arm 무장하다

❶ **Time to bring everyone back.**
모두를 다시 회복시킬 시간이에요.
Time to ~는 It's time to ~를 줄여서
쓴 말이에요. '~할 시간이야, 이제
~해야지'라는 뜻으로 상대에게 어떤 행동을
하자고 안리는 표현이죠.

BOUN	Sisu!	분	시수!
NAMAARI	Stay back!	나마리	물러서!
TONG	It was **foolish** to trust someone from Fang.	텅	송곳니 사람을 믿는 게 바보였어.
NAMAARI	(to the gang) Don't come any closer!	나마리	(일행들에게) 더 이상 가까이 오지 마!
RAYA	Namaari, it doesn't have to be like this.	라아	나마리, 이렇게 할 필요는 없잖아.

NAMAARI	I don't have any other choice.	나마리	나도 어쩔 수 없어.

Raya puts her hand on her sword, **on guard**.

라야가 자신의 검에 손을 올리고 경계태세를 갖춘다.

SISU	(to Raya) Hey. I got this.	시수	(라야에게) 이봐. 내게 맡겨.

Sisu steps **forward**. Namaari **reactively** points the **crossbow** at Sisu.

시수가 앞으로 나간다. 니마리가 이에 반응하며 석궁으로 시수를 겨냥한다.

SISU	I know you don't want to hurt anybody.	시수	네가 아무도 해치고 싶지 않는다는 거 알아.
NAMAARI	What are you doing?	나마리	뭐 하는 거예요?
SISU	You just want a better world. Like we all do.	시수	너도 더 나은 세상을 원하잖아. 우리가 그러는 것처럼 말야.
NAMAARI	Sisu...	나마리	시수…
SISU	I trust you, Namaari.	시수	난 널 믿어, 나마리.

Raya sees her opening. She pulls her sword and tries to **disarm** Namaari. The crossbow **goes off**. An arrow cuts through the air, striking Sisu in the heart. She falls into the canal, **DISSIPATING INTO** THE WATER.

라야가 기회를 엿본다. 자신의 검을 뽑아 나마리를 무장 해제시키려고 한다. 이때 석궁이 발사된다. 화살이 공중으로 날아가 시수의 가슴에 꽂힌다. 시수가 수로로 떨어지고 물속으로 사라진다.

RAYA	No!	라아	안 돼!

Stay back! 물러서!
foolish 어리석은
on guard 경계태세를 갖춘
forward 앞으로
reactively 반응적으로
crossbow 석궁
disarm 무장 해제
go off 쏘다

dissipate into ~로 사라지다

Namaari, shocked, drops her crossbow and leaves with the gem piece. Raya runs towards the water.

RAYA   SISU!!!!

Raya and gang look down the river.

RAYA   No...

The river begins to **roil** and then... **Rapidly**, magically, the water **disappears** all around them.

BOUN   What's happening?

TONG   I don't know. It appears that with the last dragon gone so too goes the water. Now there is nothing to stop the druun. Nothing.

Across the now empty riverbed, **crowds of** druun begin to emerge.

INT. FANG CITY – THRONE ROOM
From the balcony, Virana watches **in horror** as druun **overtake** her city.

EXT. FANG CLIFFSIDE
Boun pulls his eyes away from the **vanishing** water.

BOUN   Raya... (realizes Raya is gone) Where's Raya?

Pan down to Raya's empty sword **sheathe** and three gem pieces lying on the ground.

충격을 받은 나마리가 석궁을 떨어뜨리고 젬 조각을 들고 떠난다. 라야가 물을 향해 달려간다.

라야 시수!!!!

라야와 일행이 강물을 내려다본다.

라야 안 돼…

강물이 소용돌이치더니… 매우 빠르게 그리고 마법과 같이 물이 사방으로 없어진다.

분 왜 이러는 거죠?

텅 나도 모르겠어. 마지막 드래곤이 사라지니까 강물도 그렇게 된 것 같아. 이제는 드룬을 막을 수 있는 건 없어. 아무것도 없다고.

완전히 물이 사라진 강바닥에서 드룬 떼들이 나타나기 시작한다.

실내. 송곳니의 땅 도시 – 왕실
발코니에서 비라나가 드룬이 도시를 삼키는 모습을 두려움에 떨며 바라보고 있다.

실외. 송곳니의 땅 절벽
분이 물이 사라지고 있는 광경을 보다가 시선을 돌린다.

분 라야… (라야가 사라진 것을 알고) 라야는 어디 있죠?

화면이 아래로 내려가며 라야의 빈 칼자루와 젬 조각 세 개가 바닥에 놓여 있는 장면을 보여준다.

---

roil 소용돌이치다
rapidly 빨리, 급속히
disappear 사라지다
crowds of ~의 무리
in horror 겁에 질려
overtake 추월하다, 제압하다
vanish 사라지다
sheathe 칼집

The Final Fight

최후의 결전

🎧 28.mp3

EXT. FANG CITY – DAY
A heavy, emotionally-filled hip-hop beat **thumps** away, as Raya walks towards the Nation of Fang. CU on her **glistening** sword blade in one hand. For the first time in this film, she truly is "The **Gunslinger**." Raya continues on and walks through the open gates of Fang as people flee from inside. Her shard glows/protects her as Druun **run amok** all around. As she marches in. She's focused on only one thing: Namaari.

EXT. FANG THRONE ROOM
Raya finds Namaari in the **throne room**, her eyes locked on her mother Virana who's now been turned to Stone.

RAYA   Namaari!

Namaari turns and sees Raya.

NAMAARI (resolute) Let's finish this, binturi.

Namaari raises her weapon. Its steel catches the light. The two women rush at each other. Their blades **clash**.

EXT. FANG CITY ENTRANCE – CONTINUOUS
Boun, Tong, Noi, the Ongis, and Tuk Tuk enter Fang. Each using their gem shards to **repel** the Druun. It's complete chaos. The Druun have **amassed** and are swooping around the city like an **unrelenting whirlwind**. The glow of the team's shards **barely breaks through** the swirling dark clouds of demon spirits. Boun spots Raya.

BOUN   Raya!

실외. 송곳니의 땅 도시 – 낮
장엄하고 감정을 고조시키는 힙합 비트가 울리는 가운데 라야가 송곳니의 땅으로 걸어간다. 손에 들고 있는 반짝이는 검의 날이 클로즈업된다. 이 영화에서 처음으로 그녀가 진정으로 '황야의 무법자' 모습을 하고 있다. 라야는 계속 송곳니의 땅 성문을 걸어 들어가고, 사람들이 밖으로 도망친다. 드룬이 사방에 미친 듯 날뛰는데 젬 조각이 빛을 내며 그녀를 보호하고 있다. 라야가 당당하게 안으로 걸어 들어간다. 그녀는 오직 한 가지만 집중할 뿐이다: 바로 나마리이다.

실외. 송곳니의 땅 왕실
라야가 왕실에 있는 나마리를 발견한다. 나마리는 돌로 변한 어머니 비라나를 바라보고 있다.

라야 나마리!

나마리가 뒤로 돌아 라야를 바라본다.

나마리 (결의에 찬 목소리) 이제 끝장을 보자. 빈투리.

나마리가 무기를 든다. 무기의 강철 부분이 빛에 반사된다. 두 여자가 서로를 향해 달려간다. 그들의 칼날이 부딪힌다.

실외. 송곳니 도시의 입구 – 계속
분, 통, 노이, 엉기들, 툭툭이 송곳니의 땅에 들어온다. 각자 젬 조각을 이용하여 드룬을 물리친다. 완전히 혼란스러운 상황이다. 드룬이 계속 커지는데 무자비한 소용돌이처럼 도시를 덮치고 있다. 일행이 가지고 있는 젬 조각들의 불빛만이 간신히 악마의 소용돌이치는 먹구름을 뚫고 나올 뿐이다. 분이 라야를 발견한다.

분 라야!

---

thump 울리다
glistening 빛나는
gunslinger (특히 서부 영화의) 청부 살인자, 총잡이
run amok 미친 듯이 날뛰다
throne room 왕실
resolute 결의에 찬
clash 충돌하다
repel 물리치다

amass 증가하다
unrelenting 끊임없는
whirlwind 소용돌이
barely 간신히, 가까스로
break through 뚫고 나아가다, 돌파하다

바로 이장면!

Raya doesn't hear him, as she is completely **engulfed** in her battle with Namaari.

TONG   She cannot see us. Raya's **blinded** by her own rage.

BOUN   (looks at his gem piece) The gem's powers are **fading**. All these people are druun-food if we don't get them out.

Boun sees people trying to escape the city, but it's chaos. They all nod. It's time to be the heroes they never asked to be. Boun and Tuk Tuk help a pair of kids hiding behind **debris**.

BOUN   Come on. Trust me, it's gonna be okay.

The kids climb onto Tuk Tuk and Boun races them out of there.

BOUN   Stupid Druun! **Outta my way!**[1] Go go go!

As he does, Tong **scoops up** as many people as possible to get them out of the city.

TONG   (to elderly lady) Up we go.

Druun start to close in on a scared **civilian** couple. With the help of the Ongis, Noi uses a gem shard to **ward** it **away**.

BOUN   Get to the water! Keep going! Keep going!

INT. FANG THRONE ROOM – CONTINUOUS
Raya and Namaari continue to clash. It's an **epic** sword-fight. (Think the best fights in Star Wars... but with steel.) Like their last fight, Namaari once again gets the upper hand. But this time... instead of backing down... Raya smacks Namaari's swords out of her hands. Raya kicks her to the ground. As Namaari falls, the dragon pendant slides out. Namaari grabs, holds onto it.

라야는 분의 목소리가 안 들린다. 나마리와의 결투에 완전히 정신이 나간 상태이다.

텅 우리가 안 보일 거야. 라야는 자신의 분노 때문에 지금 아무것도 안 보여.

분 (그의 젬 조각을 바라보며) 젬의 마력이 사라지고 있어요. 우리가 내보내지 않으면 이 사람들은 드룬의 밥이 될 거예요.

분이 사람들이 도시를 탈출하는 광경을 바라본다. 매우 혼란스러운 상황이다. 그들 모두 동의하며 고개를 끄덕인다. 이제 그들은 어쩔 수 없이 영웅 역할을 해야 한다. 분과 툭툭이 잔해 뒤에 숨어 있는 아이 두 명을 도와준다.

분 자, 날 믿어, 괜찮을 거야.

아이들이 툭툭 위로 올라가고 분이 그들을 탈출시킨다.

분 멍청한 드룬아! 비켜! 가자 가자 가자구!

분처럼 텅도 많은 사람들을 끌어안고 도시를 탈출하도록 돕는다.

텅 (노파에게) 가시죠.

드룬이 겁에 질린 부부에게 접근한다. 엉기들의 도움으로 노이가 젬 조각을 이용해서 격퇴시킨다.

분 물 쪽으로 가세요! 계속 가요! 계속!

실내. 송곳니의 땅 왕실 – 계속
라야와 나마리의 결투가 계속된다. 아주 장엄한 칼싸움이다. (스타워즈에 나오는 최고의 결투 장면을 생각해 보라... 하지만 여기서는 강철로 만든 검으로 싸운다) 최근에 있었던 결투처럼 나마리가 또다시 승기를 잡는다. 하지만 이번에는... 뒤로 물러서지 않고... 라야가 나마리의 검을 쳐서 나마리의 손에서 빠진다. 라야가 나마리를 차서 쓰러뜨린다. 나마리가 쓰러지면서 드래곤 목걸이 장식이 떨어져 미끄러진다. 나마리가 그것을 잡고, 꼭 움켜쥔다.

---

engulf 사로잡다
blinded 눈이 멀다
fading 희미해지다
debris 파편 조각
scoop up 들어 올리다
civilian 민간인
ward away 무찌르다
epic 서사시, 장엄한

❶ Outta my way!
비켜!
Outta는 out of를 줄인 말이에요. Out of my way!는 '비켜'라는 뜻으로 다급하게 지나가려고 할 때 쓰는 명령어예요. Get out of my way! 혹은 Make way! 역시 같은 의미로 쓰는 표현이에요.

NAMAARI (tearful) I never meant for any of this to happen.

<u>RAYA</u>   Liar!

Raya raises her blade...

NAMAARI I don't care if you believe me. Sisu did. But you didn't trust her. That's why we're here.

NAMAARI Do whatever you want, but you're as much to **blame** for Sisu's death as I am.

Raya **hesitates**. She looks at the **reflection** of her eyes in her raised blade. Raya looks back at her own reflection in her sword and notices the rage in her eyes.

나마리 (울먹이며) 이렇게 하려는 의도는 절대 아니었어.

라아 거짓말!

라아가 그녀의 칼을 들어 올리고...

나마리 날 믿지 못해도 상관없어. 시수는 그랬으니까. 하지만 넌 시수를 믿지 않았지. 그래서 우리가 지금 이 자리에 있는 거잖아.

나마리 네가 원하는 대로 해, 하지만 너도 나만큼이나 시수의 죽음에 대한 책임이 있어.

라아가 망설인다. 칼날에 비친 자신의 눈동자를 바라본다. 라아가 검에 비친 자신의 모습을 보고 눈에 분노가 있음을 깨닫는다.

---

tearful 울먹이며
liar 거짓말쟁이
blame 비난하다
hesitate 주저하다
reflection 반사된 모습

It's about Trust!

신뢰가 중요한 거야!

🎧 29.mp3

Her ears catch the sound of her friends helping people **amid** the **destruction**. She looks outside and sees...

모든 것이 파괴되고 있는 가운데 친구들이 사람들을 돕는 소리가 라야에게도 들린다. 그녀가 밖을 바라보는데…

바로 이장면!

BOUN   Tong, there's still people back there! Hurry, we're running out of time.

분 팅, 저 뒤에 사람들이 아직 있어요! 서둘러요, 시간이 없어요.

TONG   Got it! Everyone out! Come with me!

팅 알았어! 모두들 나가요! 같이 가요!

Focus on Namaari. She looks over to where Raya once stood and discovers... Raya's gone.

나마리에게 화면이 집중된다. 그녀는 라야가 서 있던 곳을 바라보는데… 라야의 모습은 보이지 않는다.

EXT. FANG CITY – MOMENTS LATER
Raya joins Boun, Tong, Noi, and the Ongis in their efforts to help people **evacuate** the city. It's a **heroic** sight of epic **proportions** (Think Marvel Studios' Avengers). Tuk Tuk rolls by with a bunch of kids on his back.

실외. 송곳니의 땅 도시 – 잠시 후
라야는 분, 팅, 노이, 엉기들과 함께 최선을 다해 사람들을 도시 밖으로 대피시킨다. 영웅처럼 장엄하게 싸우는 장면이 나온다 (마블 스튜디오의 어벤져스 영화를 생각해 보라). 툭툭이 아이들을 위에 태우고 굴러간다.

RAYA   (commands, to Tuk Tuk) Okay, Tuk. These are the last of them. Go! **We're right behind you.** ❶

라야 (툭툭에게 명령하며) 자, 툭. 마지막 사람들이야. 개! 바로 따라갈게.

Suddenly... A druun **steps in** between Tuk Tuk and the exit.

갑자기… 드룬이 나타나 툭툭과 출구 사이를 막는다.

RAYA   Tuk Tuk!

라야 툭툭!

The kids and Tuk Tuk are **in jeopardy** until... Namaari leaps in front of the Druun and **scares** it **away** with her own dragon gem shard.

아이들과 툭툭이 위기에 처해 있는데… 나마리가 드룬 앞으로 뛰어들어 자신의 잼 조각으로 드룬을 쫓아낸다.

NAMAARI   (to Tuk Tuk) What are you waiting for? Go!

나마리 (툭툭에게) 뭘 꾸물거리는 거야? 개!

amid ~한 도중에
destruction 파괴
evacuate 대피하다
heroic 영웅적인
proportion 부분
step in 끼어들다
in jeopardy 위험에 처한
scare away 쫓아 버리다

❶ **We're right behind you.**
바로 따라갈게.
We're right behind you.는 '곧 따라갈게'라는 뜻이에요. 이때 right는 '올바른'의 뜻이 아니라 '바로'라는 뜻으로 behind를 강조하는 역할을 해요.

Tuk Tuk rolls away. Namaari and Raya share a look. But then - Another earthquake hits. Stones fall and crash. All exits are **blocked**.

BOUN	Raya!

TONG	(sees Namaari, rage-filled eyes) It's the one who **slayed** Sisu!

Another **quake**. The team falls into **rubble**. The light in the dragon gem piece begins to **fade** even more. As Raya comes to...

BOUN	(O.S.) (faint, far away) Raya! Raya!

BOUN	The gem's magic is almost gone!

Raya sees her team, they're **completely** engulfed by druun. Their gems are holding them off, but the druun continue to **advance** as the gem's powers fade.

TONG	They aren't backing off!

BOUN	They're everywhere!

Raya's eyes catch something shiny on the ground, it's... the dragon pendent. She picks it up, **triggering** a memory.

FLASHBACK. The four dragons, with their hands on the gem, turn and hand Sisu the gem. She hears Sisu's **faint** voice from the past...

SISU	(V.O.) I don't know why they chose me. It could have been any of us. All I know is I trusted them and they trusted me. And so...

BACK TO REALITY. That's it!

토토이 굴러간다. 나마리와 라야가 눈빛을 교환한다. 바로 그때 - 또다시 지진이 발생하고 바위가 떨어져 부서진다. 모든 출구가 막혔다.

분 라야!

텅 (분노로 가득한 눈으로 나마리를 보고) 시수를 죽인 애잖아!

다시 지진이 발생한다. 일행들이 돌무더기 속으로 빠진다. 드래곤 젬의 불빛이 더 희미해지기 시작한다. 라야가 다가가는데…

분 (화면 밖) (멀리서 희미하게) 라야! 라야!

분 젬의 마법이 거의 사라졌어요!

라야가 일행들을 발견한다. 그들은 드룬에게 완전히 포위되어 있다. 젬이 그들을 지켜 주고 있지만 젬의 마력이 약해지자 드룬이 계속 근접한다.

텅 저것들이 물러나지 않아!

분 저놈들이 사방에 있어요!

바닥에서 반짝이는 물체가 라야의 시선에 들어온다. 바로… 드래곤 목걸이 장식이다. 라야가 그것을 집어 드는데 이전 일이 생각난다.

회상 장면. 드래곤 네 마리가 젬 위에 손을 올리고 고개를 돌려, 시수에게 젬을 건넨다. 과거 시수의 목소리가 희미하게 들린다.

시수 (목소리) 왜 그들이 날 선택했는지 모르겠어. 우리 중에 아무나 할 수 있었는데 말이야. 내가 알고 있는 건 난 그들을 믿었고 그들도 날 믿었다는 것뿐이야. 그래서…

다시 현실로 돌아와서, 바로 그거다!

---

blocked 막힌, 봉쇄된　　　　　　　　　　faint 희미한
slay 죽이다
quake 지진
rubble 돌무더기
fade 희미해지다
completely 완전히
advance 앞으로 나오다
trigger 촉발하다

RAYA	Everyone, give me your gems! We can still **put it together**, it can still work!	라야 모두들, 가지고 있는 젬을 나에게 줘! 아직 결합할 수 있어. 아직 할 수 있다고!
BOUN	Sisu's gone, Raya. We don't have her magic.	분 시수는 죽었어요. 라야. 우리에겐 시수의 마법이 없다고요.
RAYA	It's not about her magic. **It's about trust.**❶	라야 그녀의 마법이 중요한 게 아냐. 신뢰가 중요한 거야.
NAMAARI	WHAT?	나마리 뭐라고?
RAYA	That's why it worked. That's why we can do it too. By doing the one thing Sisu wanted us to do – what my Ba wanted us to do - to finally trust each other and **fix** this. But we have to come together. Please.	라야 그래서 성공했던 거야. 그래서 우리도 할 수 있어. 시수가 우리가 하길 바란 것. 그리고 바가 우리에게 바란 것은 – 마침내 서로를 믿으면서 이 일을 바로 잡는 거였어. 하지만 우리가 함께 해야 해. 제발.

Raya looks to her friends -

라야가 친구들을 바라본다 -

TONG	After what she's done -	텅 그녀가 그런 짓을 했는데도 -
BOUN	We'll never trust her!	분 저 여자는 절대 못 믿어요!

Raya looks at her **divided** team and understands what she must do.

라야가 분열된 동료들을 보면서 무엇을 해야 하는지 알게 되었다.

RAYA	Then let me take the first step.	라야 그럼 내가 먼저 시작할게.

Raya **hands** Namaari her gem piece.

라야가 나마리에게 자신의 젬 조각을 건넨다.

BOUN	Raya, no!	분 라야, 안 돼요!

---

put together 조립하다
trust 신뢰
fix 고치다
divided 분열된
hand 건네다

❶ **It's about trust.**
신뢰가 중요한 거야.
It's about ~은 어떤 문제의 논지를 말하고자
할 때 쓰는 표현이에요. '~에 관한 문제야',
'~가 중요한 거야'라고 해석할 수 있어요. 보통
이 말 앞에는 It's not about ~ (~는 중요하지
않아)라는 표현을 먼저 쓰는 경우가 많아요.

Welcome to Kumandra
쿠만드라에 오신 걸 환영해요

🎧 30.mp3

Raya steps away and is immediately turned to stone. The group is **in shock**. Boun hands his gem to Namaari **as well**... and then goes to Raya, taking her hand, and being turned to stone as well. But to add to her **confusion**, Noi and Tong **follow suit**. They give up their gem pieces to her and moments later, they too are turned to stone along with the Ongis.

She has all the gems. She's in shock... She looks up and sees... an exit. She has a choice... Namaari starts to **flee**, but stops and looks at Raya's stone face... It's too much, she can't keep going. Namaari returns and hurriedly **assembles** the gem pieces as the **pulsing** light within them continues to **DIM**... They stick together, but the pulsing light within is growing FAINTER... Namaari places her hand on Raya's stone shoulder, as a Druun washes over her, turning her into stone. On the GEM: THE LIGHT GOES OUT... Was Namaari too late?

For a moment, it looks like the Druun have completely won the day. They multiply, **wreak havoc**... Then... something happens. INSIDE THE GEM - a TINY PULSE OF LIGHT RETURNS. The light gets bigger and bigger until... BOOM!

A blast of light suddenly explodes, destroying all the Druun. The light pulses out through the lands. The land is finally free of the monsters... but all the statues remain, until that is – Clouds roll in, **illuminated** by gentle thunder. And then... a droplet of glowing rain falls. And then another. And another. Droplets hit the statues of Raya, Boun, Tong, Noi, the Ongis, and Namaari. As they do, the stone **coating** on their skin **melts away**. THEY COME BACK TO LIFE. Raya looks over to find Namaari's hand touching her shoulder. Raya's trust in her indeed **transformed** her. Raya touches Namaari's hand, they **acknowledge** something new has been born between them.

라야가 뒤로 물러서자 곧바로 돌로 변한다. 일행들이 매우 놀란다. 분 역시 자신의 젬을 나마리에게 건넨다… 그리고 라야에게로 다가가 그녀의 손을 잡고 마찬가지로 돌로 변한다. 노이와 텅 역시 똑같은 행동을 하자 나마리가 크게 혼란스러워한다. 이들도 자신의 젬을 나마리에게 전하고 잠시 뒤 엉기들과 함께 돌로 변한다.

그녀가 젬을 모두 가지고 있다. 충격을 받은 표정이다… 위를 올려다보니… 나갈 탈출 구멍이 보인다. 그녀는 선택의 기로에 있다… 나마리가 탈출하려는데 걸음을 멈추고 라야의 돌로 변한 얼굴을 바라본다. 너무 벅찬 일이다. 그녀는 그냥 갈 수는 없다. 나마리가 돌아와 성급하게 젬 조각을 조립하는데 맥박처럼 뛰는 젬의 불빛들은 계속 희미해진다… 젬들이 모두 합체되었지만 그 안에 있던 불빛은 더 희미해진다… 나마리가 라야의 돌 어깨 위에 손을 얹자 드룬이 휩쓸고 지나가서 그녀도 돌이 된다. 젬이 화면에 잡힌다: 불빛이 완전히 꺼졌다… 나마리가 너무 늦은 걸까?

잠시 동안 드룬이 완전히 승리한 것처럼 보인다. 그들의 숫자는 증가하고, 주변을 파괴하며 대혼란을 일으킨다… 그때… 놀라운 일이 발생한다. 젬 안에서 – 빛이 아주 희미하게 맥박처럼 다시 뛰는 것이다. 빛이 점점 더 커지는데… 붐!

거대한 빛이 갑자기 폭발하며 드룬을 모두 파괴한다. 빛이 고동치며 땅 전체로 퍼져 나간다. 이곳은 마침내 악의 세력으로부터 자유로워졌다… 하지만 석상들은 여전히 그대로이다. 그런데 – 구름이 몰려들고 부드러운 천둥이 울린다. 그리고… 빛나는 빗방울 하나가 떨어진다. 그리고 또 한 방울. 또 한 방울. 빗방울이 라야, 분, 텅, 노이, 엉기들, 나마리의 석상에 떨어진다. 비를 맞자 그들 피부에 붙어 있던 돌들이 녹아내린다. 그들이 다시 살아난 것이다. 라야는 나마리의 손이 자신의 어깨 위에 있는 것을 발견한다. 나마리에 대한 라야의 믿음이 그녀를 변화시킨 것이다. 라야가 나마리의 손을 잡는다. 두 사람 사이에 새로운 감정이 생긴 것을 그들도 느낄 수 있다.

---

in shock 충격을 받은

as well 역시

confusion 혼돈

follow suit 같은 행동을 하다

flee 도망가다

assemble 조립하다

pulsing 맥박처럼 뛰는

dim 희미해지다

wreak 입히다, 가하다

havoc 큰 혼란

illuminate 밝히다

coat 덮다

melt away 녹이다

transform 바꾸다

acknowledge 인정하다

BOUN   (in disbelief) It worked! It worked! It –

Boun trips, looks at his feet which are still turning back to normal. Noi and the Ongis jump happily on Tong.

EXT. KUMANDRA (VARIOUS LOCATIONS) – DAY
We see the rebirth of the Spine, Talon, Tail, and finally Fang...

EXT. FANG CITY – THRONE ROOM STEPS – CONTINUOUS
Virana, back to life, exits her throne room and takes in this new world around her as...

EXT. FANG COURTYARD – CONTINUOUS
Our gang climbs out of the **rubble** where Raya finds Tuk Tuk searching for her.

RAYA   Tuk Tuk!

The two friends reunite as... Water once again flows **abundantly** all around them – the river has returned.

EXT. RIVER
But then... Over the **horizon**, right above newly returned **waterfalls**, an amazing sight emerges - All of the DRAGONS **gallop** through the air towards them. Raya and gang stand in awe as the dragons swirl over Kumandran River. As they do, droplets start to rise. Under the surface of the water... a **glow**. It gets brighter... and brighter... until - SPLASH! Sisu **rockets** up into the air... She reacts with joy and surprise as she sees the other dragons now there.

SISU   (sees her siblings) Pranee! Amba! Jagan! Pengu!

Sisu runs on the raindrops **alongside** her **siblings**, then lowers down to the ground. Raya runs to her friend as Sisu **playfully splashes** her.

SISU   Raya!

붐 (믿지 못하겠다는 표정으로) 됐어! 됐다고! –

발이 걸려 넘어진 붐, 서서히 정상으로 돌아오고 있는 자신의 발을 바라본다. 노이와 엉기들도 통 위에서 신난다.

실외, 쿠만드라 (다양한 지역) – 낮
척추, 발톱, 꼬리, 마지막으로 송곳니가 다시 태어나고…

실외, 송곳니의 땅 도시 – 왕실 계단 – 계속
다시 살아난 비라나가 왕실을 나와 그녀 주변에 있는 새로운 세상을 반갑게 맞이한다.

실외, 송곳니의 땅 안뜰 – 계속
라야와 친구들이 건물 잔해를 헤치고 나온다. 라야, 자신을 찾고 있는 툭툭을 발견한다.

라야 툭툭!

두 친구가 다시 만나는데… 물이 그들 주변으로 다시 풍요롭게 흘러간다 – 강도 회복되었다.

실외, 강
그때… 지평선 너머 새롭게 돌아온 폭포 위로 멋진 장관이 연출된다 – 모든 드래곤들이 하늘을 달려 그들에게 다가온다. 라야와 친구들이 감탄하며 서 있는데 드래곤들이 쿠만드라 강 위에서 소용돌이치듯 날아다닌다. 이와 함께 물방울들이 공중으로 올라가기 시작한다. 물 표면 바로 밑에서… 빛이 난다. 점차 더 밝아지더니… 마침내 – 철썩! 하며 시수가 공중으로 솟아오른다. 다른 드래곤들이 돌아온 것을 보고 그녀는 기쁨과 놀라움의 반응을 보인다.

시수 (자신의 형제자매를 보고) 프라니! 암바! 자간! 펭구!

시수가 형제자매들과 함께 빗방울을 타고 달리다가 땅으로 내려온다. 라야가 달려가자 시수가 장난으로 그녀에게 물을 튀긴다.

시수 라야!

---

in disbelief 믿을 수 없는 듯
rubble 돌무더기
abundantly 풍요롭게
horizon 수평선, 지평선
waterfall 폭포
gallop 질주하다, 달리다
glow 빛
rocket 치솟다, 돌진하다

alongside 옆에서, 함께
siblings 형제, 자매
playfully 재미있게
splash 물을 튀기다

RAYA	Sisu.	라야 시수.

바로 이장면! *

SISU	I. Am. So hungry.	시수 나 배가 너무 고파.
RAYA	I got some jerky.	라야 말랭이가 있는데.
SISU	Not that hungry.	시수 그렇게 배가 고프지는 않네.

They smile and hug. Tong shoves Noi in Sisu's face.

그들이 미소를 지으며 포옹한다. 텅이 시수의 얼굴에 노이를 올려 준다.

NOI	Soo-soo!	노이 수수!
TONG	(big inhale) Ah! It is good to breathe in your **glorious** dragon **stench** again.	텅 (숨을 크게 들이쉬며) 아! 네 멋진 드래곤 악취를 다시 맡게 돼서 너무 기쁘네요.
SISU	Okay, **I take that as a compliment.**❶	시수 알았어. 칭찬으로 알고 있을게.

Namaari stands **apart**, **chastened**. She **remorsefully** bows to Sisu who... reaches out and pulls Namaari into the group. She hugs them all.

나마리는 벌을 받는 사람처럼 거리를 두고 서 있다. 그녀가 양심의 가책을 느끼며 시수에게 절을 하는데… 시수가 다가서서 나마리를 친구들이 있는 곳으로 잡아당긴다. 그녀가 모두를 껴안는다.

MONTAGE.
GATES OF SPINE. Tong returns home where he sees his people all alive again.
TALON MARKETS. The Ongis bring Noi back to her worried mother.
TAIL DOCKS. Boun sails back home where he finds his family looking for him the dock.

몽타주 화면.
척추의 땅 성문. 텅이 고향으로 돌아와 다시 살아난 부족민들을 만난다.
발톱의 땅 시장. 엉기들이 걱정하는 엄마에게 노이를 데려다준다.
꼬리의 땅 부두. 분이 배를 타고 집에 도착하는데 부두에서 그를 찾고 있는 가족들을 만난다.

EXT. HEART BRIDGE – DAY
Raya rides back to Heart on Tuk Tuk. She nears the bridge her father was once frozen on and stops. She **dismounts** Tuk Tuk and walks onto it where she sees...

실외. 심장의 땅 다리 – 낮
라야가 툭툭을 타고 심장의 땅으로 돌아온다. 그녀는 아빠가 돌로 변했던 다리 근처에서 멈춰 선다. 툭툭에서 내려와 그쪽으로 걸어가는데…

RAYA	Ba?	라야 바?

---

glorious 영광스러운
stench 악취
compliment 칭찬
apart 따로, 떨어져
chasten 훈계하다
remorseful 후회하는
dismount 내려오다

❶ **I take that as a compliment.**
칭찬으로 알고 있을게.
상대방의 말에 '칭찬으로 알겠어요'라는 의미로 농담처럼 받아치는 말이에요. I take 대신 I'll take라고 쓰기도 해요. compliment는 '칭찬, 찬사'라는 뜻이랍니다.

... her father standing there. He turns to catch her eyes.

BENJA   Dewdrop?

RAYA   Ba!

Raya breaks into a run and they hug **tightly**, tears running down her face. Benja gives his daughter a kiss on the **cheek** and then sees above him... Sisu standing on the bridge before him. Benja is **gobsmacked**.

BENJA   Is that... really her?

He bows **in respect** to the dragon. Sisu smiles.

SISU   Chief Benja, your daughter did you proud. Hope you don't mind. She brought some friends.

Sisu steps aside to reveal Boun, Tong, Noi, the Ongis, and Namaari standing **side-by-side**. Behind them, hundreds of **citizens** from all over Kumandra are **lined up**. Benja is **overwhelmed**, he can't believe his eyes.

RAYA   (to Benja) Ba, welcome to... Kumandra.

As the crowd moves in to cross the bridge, Benja looks at Raya - this is more than anything he could have dreamed of. As Benja and Raya walk into Heart with the **crowd**, he puts an arm around her and she leans her head on his shoulder. Sisu flies through the air one last time past Raya. (End on Sisu.)

TITLE CARD: RAYA AND THE LAST DRAGON

THE END

··· 그녀의 아버지가 거기 서 있다. 그가 고개를 돌려 라야를 바라본다.

벤자 내 딸?

라야 바!

라야가 황급히 뛰어간다. 그들이 격하게 포옹하는데 라야의 얼굴을 타고 눈물이 흘러내린다. 벤자가 딸의 볼에 뽀뽀하고 하늘을 올려다보는데··· 벤자의 눈앞에 시수가 서 있다. 벤자가 자신의 눈을 의심하며 매우 놀란다.

벤자 정말··· 그분이니?

그가 시수에게 존경의 절을 올린다. 시수가 웃는다.

시수 벤자 족장, 정말 자랑스러운 딸을 두셨어요. 괜찮을지 모르겠지만, 그녀가 친구들을 데려왔네요.

시수가 옆으로 물러난다. 분, 텅, 노이, 엉기들, 나마리가 나란히 서 있다. 그들 뒤로 수백 명의 쿠만드라 사람들이 줄지어 온다. 벤자는 감동한다. 자신의 눈을 의심하지 않을 수 없다.

라야 (벤자에게) 바, 쿠만드라에 오신 걸 환영해요

많은 사람들이 다리를 건너 들어온다. 벤자가 라야를 바라본다. 그가 진정으로 꿈꿔 왔던 장면이다. 벤자와 라야가 사람들과 함께 심장의 땅으로 걸어간다. 그가 라야를 감싸 안고 라야도 그의 어깨에 머리를 기댄다. 시수가 마지막으로 라야를 지나 공중으로 날아올라간다. (시수 모습으로 마무리)

제목: 라야와 마지막 드래곤

끝

tightly 꽉
cheek 뺨
gobsmacked 놀란
in respect 존경하여, 경의를 표하여
side by side 나란히, 함께
citizen 시민
line up 줄을 세우다
overwhelmed 압도되다, (격한 감정이) 휩싸다

crowd 군중